MELANIE MISSING

Durch die
Rauhnächte
mit den
Engeln

Rituale, Botschaften
und Meditationen für
die 12 heiligen Nächte

Die Ratschläge in diesem Buch sind sorgfältig erwogen und geprüft. Sie bieten jedoch keinen Ersatz für kompetenten medizinischen Rat. Alle Angaben in diesem Buch erfolgen daher ohne Gewährleistung oder Garantie seitens der Autorin oder des Verlages. Eine Haftung der Autorin bzw. des Verlages und seiner Beauftragten für Personen-, Sach- und Vermögensschäden ist ausgeschlossen.

Wir verzichten auf das Einschweißen unserer Bücher – **UNSERER UMWELT ZULIEBE!**

ISBN Printausgabe: 978-3-8434-1480-7
ISBN E-Book: 978-3-8434-6468-0

Melanie Missing: Durch die Rauhnächte mit den Engeln Rituale, Botschaften und Meditationen für die 12 heiligen Nächte © 2021 Schirner Verlag, Darmstadt

Umschlag: Elena Lebsack, Schirner, unter Verwendung von #191118824 (© kiko_kiko), #517053268 (© janniwet), #625745255 (© Ben Neung), #1019854267 (© Yevhenii Chulovskyi), #700685479 (© r.kathesi) und #116604613 (© katarina_1), www.shutterstock.com
Layout: Elena Lebsack, Schirner
Lektorat: Kerstin Noack-Zakel, Schirner
Printed by: Ren Medien GmbH, Germany

www.schirner.com

1. Auflage Oktober 2021

*Engel sind immer an deiner Seite!
Möge alles Gute dich begleiten,
mögen die Engel der Rauhnächte dich lichtvoll
durch diese magische Zeit tragen.*

Inhalt

Die Engel der Rauhnächte...........................65

Einleitung

Unsere Seele wird in jedem Moment von Engeln begleitet – von Schutzengeln, Erzengeln, Seelenengeln und vielen mehr. Sie alle stehen uns von Anbeginn unseres Weges zur Seite, schenken uns ihre Liebe, Aufmerksamkeit, Unterstützung sowie Mut und Tatkraft. Doch es gibt eine Zeit im Jahr, in der die Engel uns besonders unterstützen, damit wir unsere Seele lichtvoll auf das Neue ausrichten können. Es ist eine Zeit, in der die Seele sich klärt, Vergangenes verarbeitet, sich achtsam vom Alten verabschiedet und das Neue segensvoll begrüßt: die Rauhnächte. Spüre in dieser magischen Zeit, in der die Schleier zwischen den Welten so dünn sind, die Engel an deiner Seite, lasse mit ihrer liebevollen Begleitung das Jahr hinter dir, und lasse dich durch ihren Segen in ein lichtvolles neues Jahr führen. In diesem Buch findest du dazu Begleitung und Anleitung durch Anrufungen, lichtvolle Rituale, Botschaften, Meditationen und viele Tipps zum Wirken in den Rauhnächten.

 *Die Rauhnächte sind eine Zeit der inneren Einkehr, Reflexion, Visualisierung und Manifestation. Nutze dafür die Kraft des Schreibens. Immer, wenn dir das Symbol begegnet, ist es Zeit, dir etwas zu notieren. Du kannst dazu ein Blatt Papier nutzen oder dir ein Tagebuch eigens für deine Rauhnächte zulegen.*[*]

Ich freue mich, dass wir gemeinsam mit den Engeln die Rauhnächte begehen. *Alles Liebe, deine Melanie*

---

[*] Falls du ein besonderes Tagebuch für die Rauhnächte suchst, empfehle ich dir von Herzen Jeanne Rulands: »Mein Rauhnacht-Tagebuch« (Schirner Verlag).

Die BEDEUTUNG
der 12 heiligen *Nächte*

Die zwölf heiligen Nächte zwischen Weihnachten und dem Tag der Heiligen Drei Könige gelten seit jeher als die Rauhnächte, auch Hoffnungsnächte. In dieser Zeit sind die Tore zu den höheren Welten weit geöffnet, und wir können einen besonders intensiven Zugang zu unseren Ahnen sowie Lichtwesen wie Engeln, Einhörnern, Meistern, Göttern oder Göttinnen erhalten.

Zahlreiche Bräuche sind mit dieser Zeit verbunden. So werden Rituale abgehalten und mit lichtvollen Aspekten verwoben sowie der alte mit dem neuen Weg, das Irdische mit dem Himmlischen verbunden. Ursprünglich hießen sie auch »Rauchnächte«, weil in früheren Zeiten oft mit Kräutern geräuchert wurde, um Geister zu vertreiben. Heute verbinden wir das alte Brauchtum mit der neuen Welt, den Themen unserer heutigen Zeit – und was ganz besonders ist: mit den Engeln, die uns immer, aber besonders in den Rauhnächten, wenn wir sie bewusst zu uns rufen, ihre ganze Aufmerksamkeit und Unterstützung schenken.

Die Rauhnächte beginnen in der Weihnachtsnacht vom 24. auf den 25. Dezember um 0 Uhr, somit entspricht der 25. Dezember der ersten Rauhnacht. Jede Rauhnacht steht für einen Monat im neuen Jahr, die erste Rauhnacht steht für den Januar, die zweite für den Februar usw. Doch die zwölf Nächte entsprechen nicht nur den zwölf Monaten, sondern ebenso zwölf ganz besonderen Engeln, die gern mit dir und für dich in den nächsten Tagen und Monaten wirken.

Die Engel halten für dich den Raum und die Energie zum Innehalten, Revue-passieren-Lassen, Vorausschauen und Manifestieren. Durch ihre licht- und liebevolle Berührung öffnen sich dir die höheren Reiche. Aus dieser Ebene deines Seins erhältst du eine kristallklare Sicht auf dein gegenwärtiges Leben. Alles, was sich jetzt noch unstimmig anfühlt, kommt durch ihre lichten Impulse und Eingebungen immer mehr in Einklang. Lasse los, was dich belastet, tanke neue Kraft und Energie, und spüre, was du durch deine Liebe auf die Erde bringen möchtest. Verwirkliche jetzt all deine Visionen und Wünsche, die auf ihre Realisierung warten. Die Engel werden dir und deinen Visionen immer wieder neue Kraft und Energie schenken.

Auf den folgenden Seiten lade ich dich ein, einen ersten bewussten Kontakt zu den Engeln der Rauhnächte aufzunehmen. Hier erfährst du, wie du mit ihnen kommunizieren kannst, wie du ihre Zeichen erkennst und wie du in den Rauhnächten ihren Rat einholst. Dieses Kapitel dient vor allem der Einstimmung in die Rauhnächte, es wird dich mit Orakeltechniken vertraut machen und dir Raum geben, dir über deine Ziele und Wünsche für das neue Jahr bewusst zu werden. Im Anschluss findest du viele Tipps und Rituale für deine Vorbereitung auf die Rauhnächte, um sodann Schritt für Schritt, Nacht für Nacht die Rauhnächte mit den Engeln zu begehen.

Lasse uns nun gemeinsam die Engel bitten, die Tore zu den Dimensionen der Rauhnächte für uns zu öffnen.

Lade die Engel ein

Während der Rauhnächte begleiten dich, wie du schon weißt, zwölf Engel, die für je einen Monat im neuen Jahr stehen. Diese Engel stehen dir gern zur Seite, doch sie dürfen nicht einfach so in deinem Leben wirken. Es ist nicht anders als bei uns Menschen: Wo wir eingeladen sind, sind wir willkommen. Deshalb lade die Engel einmal ganz generell in dein Leben ein, falls du das noch nicht getan hast. Heiße sie jetzt von Herzen willkommen – in deinem Leben, an deiner Seite, auf all deinen Wegen und bei all deinen Schritten. Lade sie ein, einfach in jedem Moment deines Lebens und gerade jetzt in den Rauhnächten bei dir zu sein.

Wenn du möchtest, nutze dazu folgende Worte:

»Ihr lieben Engel, ich bitte euch um Führung, Schutz, Geleit, Offenbarung und Erkenntnisse in diesen zwölf magischen Rauhnächten. Begleitet bitte meine Seele am Tag sowie in der Nacht, damit sich mir zeigt, was angesehen werden will, und sich auflöst, was mir nicht länger dient. Seid bitte meine Begleiter, und erleuchtet meinen Weg mit eurem himmlischen Licht, damit ich sehen, erkennen und Erlebtes verarbeiten kann, um das neue Jahr gestärkt und segensvoll zu begehen. Ich danke euch von Herzen!«

Erkenne die Zeichen der Engel

Die Zeichen der Engel sind mannigfaltig. So künden häufig weiße Federn von ihrer Anwesenheit. Doch Engel kommunizieren ganz individuell mit dir und werden dir stets die Zeichen senden, die du verstehst. Ob durch Musik, Gegenstände, Worte oder himmlisch geführte Begegnungen – alles ist möglich, vertraue ganz deinem Gefühl. Du wirst deutlich spüren, wenn ein Engel dir etwas mitteilen möchte oder dir eine Botschaft oder ein Symbol gesandt hat. Gerade an Portaltagen, an denen die Schleier so fein und durchlässig sind wie in den Rauhnächten, werden die Engel für dich deutlich spürbar sein und ihre Zeichen auf deinem Weg hinterlassen.

Welche Zeichen haben dich in den Rauhnächten erreicht?
Notiere sie dir für jede Rauhnacht.

Achte auf deine Träume

Das Träumen hat in unserem Sprachgebrauch viele Bedeutungen und ist häufig positiv besetzt. Wenn etwas unerwartet Schönes passiert, sagen wir: »Träume oder wache ich?«, oder: »Es erscheint mir wie ein/im Traum.«

Träume gelten als Schlüssel zu unserem Unterbewusstsein. Und während der Rauhnächte bekommen sie noch einmal mehr Gewicht und eine größere Bedeutung. Sie intensivieren sich dann meist und können wichtige Boten für uns sein, denn die Schleier in die Anderswelten und auch zu den Traumebenen sind während der Rauhnächte viel leichter zu durchdringen.

 *Notiere am besten alle Botschaften, die du während der Rauh-nächte in deinen Träumen erhältst. Manche deiner Nacht-träume sind nicht klar verständlich und entsprechen nicht der Realität, Traumdeutungen sind mannigfaltig. Wenn du etwas nicht verstehst, bitte die Engel, dir über deinen Traum mehr Klarheit zu schenken. Manche Dinge ergeben erst mit der Zeit einen Sinn oder offenbaren einen tieferen Zusammenhang. Da-her lohnt es sich, alles zu notieren, um später die Verbindungen erkennen und das, was dir dein Unterbewusstsein in den Rauh-nächten mitteilen möchte, verstehen zu können.*

Das gilt auch für deine Tagträume. Notiere ebenso ihren In-halt, das heißt die Bilder und Sequenzen, in die du plötzlich für einen Moment versinkst oder für die du dir bewusst einen Moment Zeit nimmst. Diese bewusste Traumzeit ist Gold wert, denn damit manifestierst du deine Wünsche und Ziele wie im Turbogang. Sie ist der Motor zur Erfüllung deiner Träume!

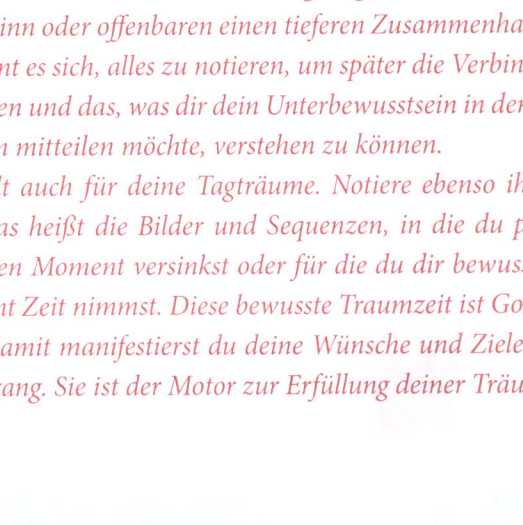

TIPP: Bitte die Engel, dich des Nachts in deinen Träumen zu beglei-ten und dir die Erinnerungen der Traumebene mit in dein Wachbe-wusstsein zu geben, damit du dich an deine Träume erinnern kannst.

Höre die Botschaften der Engel

Die Kommunikation mit Engeln ist etwas ganz Wundervolles und geschieht auf einer Ebene, die kaum mit Worten zu beschreiben ist. Du hörst und spürst, wenn Engel sprechen, dessen kannst du dir ganz sicher sein. Gespräche mit Engeln können telepathisch, mündlich oder auch schriftlich erfolgen. Doch vorab vertraue darauf, dass, wenn du die Engel rufst, sie auch da sein werden und das, was du dann spürst und wahrnimmst, ihnen und der Wahrheit entspricht. Ich empfinde es als einen ganz wertvollen Schatz, mir immer mal wieder Briefe mit den Engeln zu schreiben. Glaube mir, die himmlische Post funktioniert! Es ist so wie mit fast allen Dingen: Übung macht den Meister. Also sei bitte nicht traurig, wenn du die Engel am Anfang nicht gleich deutlich hörst oder ihre Botschaften noch nicht verstehst, du brauchst wie beim Radio erst einmal den richtigen Kanal. Starte am

besten gleich einmal den himmlischen Sendersuchlauf, und übe dich in der Kommunikation mit den Engeln. Es gibt kaum einen besseren Zeitpunkt dafür als die Rauhnächte, in denen die Schleier fein sind und du ganz leicht zu diesen himmlischen Wesen durchdringen kannst.

Das Wort »Engel« und die Bitte, mit den Engeln zu kommunizieren, reichen, damit sich deine Frequenz erhöht und die Engel sich von dir angesprochen und angezogen fühlen, ihr euch quasi auf derselben Wellenlänge trefft.

Ich habe bereits vor vielen Jahren begonnen, meinen Schutzengeln zu schreiben. Wenn ich damit fertig bin, übergebe ich ihnen den Brief gedanklich, nehme dann ein leeres Blatt Papier, starte meinen Sendersuchlauf und vertraue dann einfach den Worten, die mir in den Sinn kommen, und schreibe sie auf. Dies ist eine Möglichkeit, jeden Tag mit einem der Engel der Rauhnächte zu kommunizieren, um zu hören, was er dir mitteilen möchte.

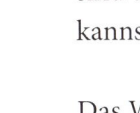

Ob schriftlich oder ein Gespräch in Gedanken: Probiere es doch gleich einmal aus, und notiere, was du empfangst.

Bitte die Engel um Rat –
Orakeln während der Rauhnächte

Orakeln ist etwas ganz Wunderbares. Du kannst während der Rauhnächte die verschiedensten Orakeltechniken ausprobieren und als kleine Rituale in deinen Tag einbinden. Hier einige Möglichkeiten:

Mit Karten orakeln – ein tiefer Blick in deine Seele

Die bekannteste Orakelmethode ist das Kartenziehen und -legen. Ob mit Engelkarten, Tarot oder Skatkarten – die meisten Kartensets enthalten bereits verschiedenste Legemethoden. Eine Legemethode, die ganz wunderbar zu den Rauhnächten passt und die ich dir hier gern vorstellen möchte, stammt aus meinem Kartenset »Der Seelenblick der Pegasus-Einhörner« (Schirner Verlag). Sie heißt »Seelenblick«,

wird mit zwölf Karten gelegt und dient dazu, dich und deine Seele besser zu verstehen. Die Einhorn- und die Engelenergie sind sich sehr ähnlich, denn beide stammen aus der siebenten Dimension. Nutze daher diese Legemethode, um mithilfe dieser lichtvollen Energie in die Tiefe deines Selbst einzutauchen und dein Seelenleben besser zu verstehen, wenn dich der innere Ruf dazu erreicht.

Die zwölf Seelenthemen sind:

1. **Seelenweg** – Welcher ist dein Weg, den nur du und kein anderer geht? Gehst du bereits den Weg deines Herzens? Welche Spuren willst du hinterlassen, um anderen einen neuen Weg zu ebnen?
2. **Seelenliebe** – Liebe, Selbstliebe und Seelenliebe gehören zusammen. Liebst du dich selbst so, wie du bist?
3. **Seelenaufstieg** – Folgst du deinem Licht? Was darf deine Seele noch lernen, um aufzusteigen im vollkommenen Licht der Schöpfung?
4. **Seelenschmerz** – Was schmerzt deine Seele? Welche Seelenbotschaft steckt hinter diesen schmerzhaften Gefühlen?
5. **Seelenfrieden** – Womit hast du noch nicht abgeschlossen? Was hält dich noch fest und lässt dich deinen Seelenfrieden nicht finden? Was ist deine persönliche Quelle der Kraft in dir?
6. **Seelenhochzeit** – Bist du bereit, das zu empfangen, was zu dir gehört? Welche Anteile hast du verloren und gilt es jetzt, zurückzuholen?
7. **Seelenplan** – Folgst du dem Ruf deiner Seele? Nimmst du deinen Seelenplan an? Was hat deine Seele für dich vorgesehen?
8. **Seelenberührung** – Himmlische Wesen berühren deine Seele. Wohin wollen sie dich führen? Was sind deine aktuellen Seelenthemen?

9. **Seelenklang** – Wie klingt deine Seele? Welche Botschaften hat sie an dich? Welche Klänge inspirieren und berühren dich?
10. **Seelenverständnis** – Was ist deine Seele? Welcher Teil von dir ist deine Seele? Folgst du deinem Seelenplan?
11. **Seelenkleid** – Wie ist es um dein Seelenkleid, deine Aura, und in der Folge um dein Gemüt bestellt? Was brauchst du, um dein Seelenkleid rein und strahlend zu halten?
12. **Seelentempel** – Wie ist es um deinen Körper, um den Tempel deiner Seele, bestellt? Was kannst du für deine Erdung tun und wie Himmel- und Erdenergien in Einklang bringen?

Diese Seelenthemen und die dazugehörigen Fragen sind Anhaltspunkte, die du gern mit in jede Rauhnacht nehmen kannst. Nutze dazu das genannte Kartenset. Oder verwende ein anderes Kartenset deiner Wahl, in diesem Fall notiere die Seelenthemen vorab auf zwölf Zetteln. Ziehe in jeder Rauhnacht ein Seelenthema in Form einer Karte meines Kartensets bzw. eines vorbereiteten Zettels, spüre in das Seelenthema und die dazugehörigen Fragen hinein, ziehe dann eine (zusätzliche) Karte aus einem Kartenset deiner Wahl, und schaue, welche Bilder und Botschaften dich auf diese Weise zum jeweiligen Seelenthema erreichen.

Der Rat der Engel

Eine weitere wundervolle Orakeltechnik für die Rauhnächte ist »Der Rat der Engel«. Überlege dir eine Frage, die du den Engeln stellen möchtest, und notiere mögliche Namen, wenn deine Frage Personen betrifft, oder konkrete oder allgemeine Antworten wie Ja oder Nein auf kleinen Zetteln. Stelle die Frage am Abend dem Engel der jeweiligen Rauhnacht, und lege die Zettel dann unter dein Kopfkissen. Schlafe sozusagen eine Nacht darüber. Am nächsten Morgen greife als Erstes unter dein Kopfkissen, und wähle blind einen der Zettel aus. Er enthält die Antwort der Engel.

TIPP: Vielleicht erreichen dich auch zusätzliche Informationen oder Antworten in deinen Träumen. Notiere die Informationen aus den Traumebenen gleich am Morgen, da sie dem Wachbewusstsein meist schnell wieder entfallen.

Das Teeorakel

Eine ebenso wundervolle Orakeltechnik in den Wintertagen ist das Teeorakel. Es bringt unglaublich viel Freude. Klassisch brauchst du dafür einen aufgebrühten schwarzen Tee mit Kandis und eine flüssige Sahne mit hohem Fettanteil. Du kannst natürlich die Sorte und die Zutaten des Tees variieren und auch ebenso gut eine vegane Sahne verwenden.

Stelle die Tasse Tee vor dich, und warte, bis das Teewasser ganz ruhig steht. Dann gieße mit einem Tee- oder Sahnelöffel eine kleine Menge Sahne in die Tasse, und warte, bis die Sahnewölkchen aufsteigen. Sie bilden die unglaublichsten Figuren und Zeichen, die du nun ganz frei und intuitiv für dich deuten kannst.

TIPP: Bei einer gemeinsamen Teestunde macht dieses Orakel besonders viel Freude. Vielleicht erscheint euch ja sogar ein kleiner Engel, dann deutet dies als segensreiches Zeichen für das neue Jahr.

Finde zurück zu dir selbst

Gleich, was dir das zurückliegende Jahr geschenkt oder gezeigt hat, ob Herausforderndes, Hektisches, Gutes, Schönes, Trauriges oder Aufreibendes – mit den Rauhnächten ist die Zeit gekommen, tief Luft zu holen, all das hinter dir zu lassen und wieder bei dir, in deiner eigentlichen, wahren Mitte und Ausgeglichenheit, anzukommen. Dazu dienen dir die Rauhnächte, in denen du reflektieren, erkennen, verzeihen, um Verzeihung bitten und bei dir ankommen kannst.

Eine der wichtigsten Aufgaben in den Rauhnächten: Befreie dich von allen Erwartungen. Mal Hand aufs Herz, ist das nicht mitunter das Anstrengendste in deinem alltäglichen Leben? Ständig vermeintliche Erwartungen erfüllen zu müssen, die du dir zum Teil selbst auferlegst und die dich immer wieder unter Druck und Stress setzen? Meist steht alles andere an erster Stelle und bringt dich aus dem inneren Gleichgewicht, weg von deinen eigentlichen Wünschen und Bedürfnissen.

Vielleicht sind die Rauhnächte für dich ein perfektes Zeitfenster, um in dein Innerstes zu lauschen und zu erkennen, was du eigentlich willst und was dir Glück schenkt. Gibt es vielleicht auch Tätigkeiten und Rollen in deinem Leben, die dir keine Freude mehr bereiten und die du nur aus Pflichtbewusstsein erfüllst?

Nimm dir Zeit, dies zu ergründen und, wenn möglich, Wege zu finden, um dein neues Jahr erfüllender zu gestalten. Jetzt ist die Zeit, um Pläne zu schmieden und dir Ziele zu setzen, die dir langfristig die gewünschte Veränderung bringen.

Mache das neue Jahr zu deinem Jahr

Lasse uns jetzt gemeinsam den Zauber weben, der das kommende Jahr mit vielen magisch schönen Momenten schmückt und dir einfach mehr Zeit, Ruhe und inneren Frieden schenkt, dafür sind unter anderem die Engel der Rauhnächte an deiner Seite.

Halte Rückschau auf dein Jahr, und überlege: Was war wirklich gut und was weniger? Notiere deine Gedanken in zwei Spalten, nimm deine Bestandsliste auf. Mit ihr bekommst du einen guten Überblick über das, was du in die Zukunft tragen, und das, was du lieber hinter dir lassen willst. Die Bestandsliste wird dir im nächsten Schritt helfen, deine neuen Visionen und Ziele zu finden.

Finde deine Vision, und setze dir Ziele

Die Rauhnächte sind eine Zeit der Visionen. Jetzt ist der Zeitpunkt, um den Samen zu setzen, der deine Vorstellung vom optimalen Zustand einer Situation bzw. all deiner Lebensbereiche in die Wirklichkeit bringt. Dafür benötigst du im ersten Schritt sozusagen deine Lebensvision, Ziele, die du in all deinen Lebensbereichen gern erreichen möchtest.

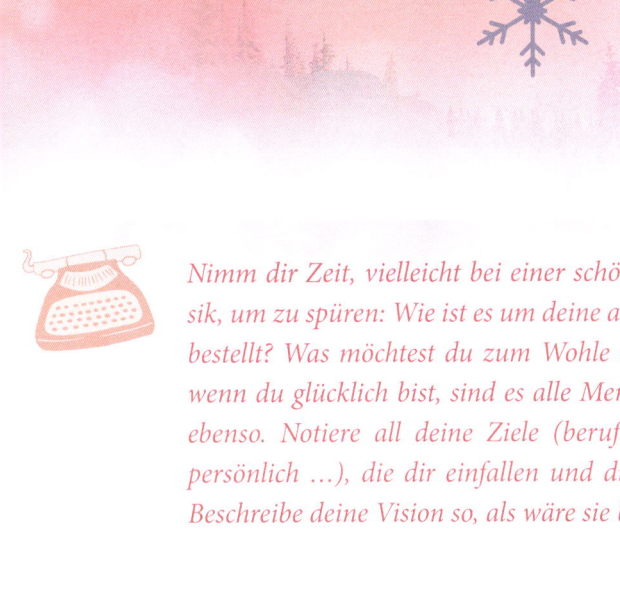

Nimm dir Zeit, vielleicht bei einer schönen Entspannungsmusik, um zu spüren: Wie ist es um deine aktuelle Lebenssituation bestellt? Was möchtest du zum Wohle aller verändern? Denn wenn du glücklich bist, sind es alle Menschen um dich herum ebenso. Notiere all deine Ziele (beruflich, partnerschaftlich, persönlich …), die dir einfallen und dir aktuell wichtig sind. Beschreibe deine Vision so, als wäre sie bereits eingetreten.

Schreibe deine Visionen und Ziele unbedingt auf! Du möchtest dein Glück ja manifestieren, und dazu gehört, es schriftlich festzuhalten. Glaube mir, dieser Schritt ist wichtig, um deine Ziele aus deinem Geist, aus deinen Gedanken, in die Materie zu bringen. Denn jedes Haus, das neu gebaut wird, braucht zuvor einen schriftlichen Bauplan. Was du aufgeschrieben hast, kannst du dir immer wieder anschauen und bei Bedarf auch verändern, denn so, wie sich unsere Lebensumstände verändern, so verändern sich auch unsere Ziele und Wünsche.

Bitte um Einklang

Beim Manifestieren ist besonders wichtig, all deine Visionen mit deinem Jetzt in Einklang zu bringen. Dazu dienen dir von Herzen gern die Engel der Rauhnächte. Bitte die Engel, deine zuvor notierte Lebensvision wie eine Blaupause auf deinen jetzigen Lebensweg zu legen und sie somit feinstofflich mit deinem Energiefeld zu verweben, sodass sie eins mit dir und deinem Leben werden kann. Bitte die Engel auch, dein gesamtes Energie- und Körpersystem in Einklang zu bringen und dieses ebenfalls mit dem neu gewobenen Energiefeld deiner Vision zu verbinden.

Du kannst dafür folgende Worte sprechen:

»Ihr lieben Engel, ich bitte euch von Herzen, die ursprüngliche Harmonie meiner Seele wiederherzustellen und alle Ebenen meines Seins mit ihr in Einklang zu bringen. Danke.«

Möge sich alles, was in Wahrheit und Liebe zu dir gehört, jetzt und in Zukunft auf deinem Lebensweg für dich manifestieren und dir die Freude eines glücklichen und erfüllten Lebens im Einklang mit allem, was ist, schenken. Das ist das höchste Ziel der Engel, sie möchten dich glücklich und zufrieden sehen, damit du der Erfüllung deiner Seele entgegengehen kannst.

Erhöhe deine Energie mit Ritualen

Grundsätzlich sind Rituale kein Muss. Engel kommen nicht deshalb zu dir, weil du eine spezielle Kerze anzündest oder eine bestimmte Räuchermischung verwendest, die Initiation beginnt in dir, in deinem Herzen, mit deinem Ruf und Wunsch und deiner Bitte an die Engel.

Ein Ritual kann dich jedoch einstimmen und die Energien erhöhen, daher fühle dich ganz frei, wenn du ein Ritual nutzen möchtest. Vielleicht spürst du heute dazu ein inneres Nein, und morgen zieht es dich wie magisch an. Vielleicht übermittelt dir deine Intuition oder senden dir die Engel auch eine ganz andere Einstimmung in die Rauhnächte als die, die ich dir in diesem Buch vorstelle, dann ist dies genau richtig. Folge immer deinem Gefühl und dem Impuls, der sich

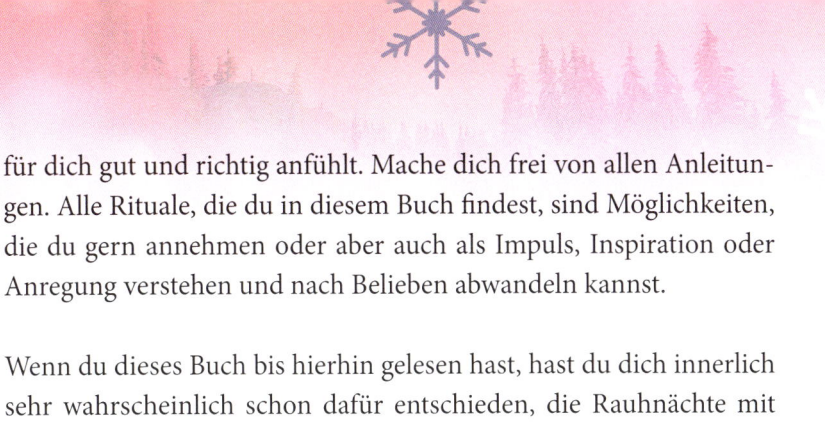

für dich gut und richtig anfühlt. Mache dich frei von allen Anleitungen. Alle Rituale, die du in diesem Buch findest, sind Möglichkeiten, die du gern annehmen oder aber auch als Impuls, Inspiration oder Anregung verstehen und nach Belieben abwandeln kannst.

Wenn du dieses Buch bis hierhin gelesen hast, hast du dich innerlich sehr wahrscheinlich schon dafür entschieden, die Rauhnächte mit den Engeln zu begehen, und so kannst du sicher sein, dass die Engel an deiner Seite sind und dich auf ganz individuelle Art und Weise auf deinem Weg führen und begleiten werden.

Verbinde dich mit den Engeln in der Meditation

Es gibt verschiedene Möglichkeiten, zu meditieren und somit die Engel für dich wirken zu lassen. Es reicht schon, die Worte zu lesen, um die Engel an deiner Seite zu spüren. Noch schöner ist es aber, wenn du deinen Raum entsprechend vorbereitest und dir eine ruhige und schöne Atmosphäre schaffst. Kerzen, Blumen, Musik, alles, was du magst, ist gut. Nutze die Aufnahmefunktion deines Handys oder Ähnliches, und sprich die Meditation selbst auf, um ihr dann mit geschlossenen Augen folgen und sie natürlich auch immer wieder anhören zu können.

Alle Meditationen, die du in diesem Buch zu den Rauhnächten mit den Engeln findest, können jederzeit durchgeführt werden – also sowohl in der jeweiligen Rauhnacht, als auch zu jedem anderen Zeitpunkt, an dem sie dir guttun.

Du kannst die Meditationen auch in Verbindung mit einem Rauhnachtmandala oder Orakelrad begehen (eine Anleitung dazu findest du im folgenden Kapitel »Die Rauhnächte beginnen …«). Sei ruhig kreativ, wenn es darum geht, diese innere Einkehr für dich zu gestalten.

Ich wünsche dir viele schöne und lichtvolle Momente beim Meditieren in den Rauhnächten.

Die

Rauhnächte

beginnen …

Vorbereitung auf die Rauhnächte

Nun stehen die Rauhnächte kurz bevor, und wir fangen mit den Vorbereitungen an. Ich spüre bei den Engeln schon viel Vorfreude darauf, dich in den kommenden Tagen ganz intensiv zu begleiten, und habe hier eine kleine Liste für eventuelle Besorgungen für dich vorbereitet. Eigentlich brauchst du nur deine innere Bereitschaft und den Wunsch, diese Tage mit den Engeln zu begehen. Aber ein schönes Ambiente tut mir persönlich immer gut, und vielleicht geht es dir ja ebenso.

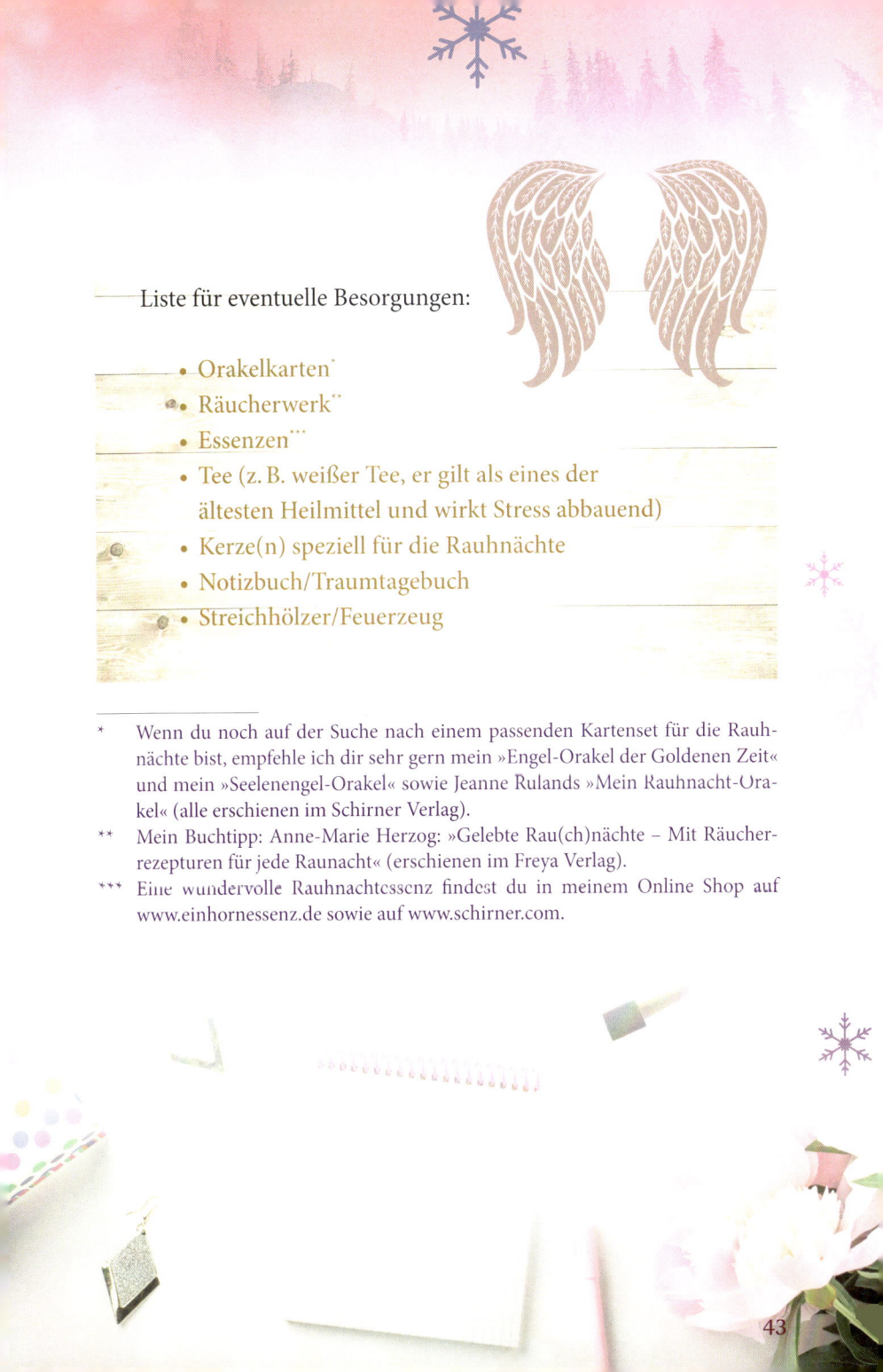

Liste für eventuelle Besorgungen:

- Orakelkarten[*]
- Räucherwerk[**]
- Essenzen[***]
- Tee (z. B. weißer Tee, er gilt als eines der ältesten Heilmittel und wirkt Stress abbauend)
- Kerze(n) speziell für die Rauhnächte
- Notizbuch/Traumtagebuch
- Streichhölzer/Feuerzeug

[*] Wenn du noch auf der Suche nach einem passenden Kartenset für die Rauhnächte bist, empfehle ich dir sehr gern mein »Engel-Orakel der Goldenen Zeit« und mein »Seelenengel-Orakel« sowie Jeanne Rulands »Mein Rauhnacht-Orakel« (alle erschienen im Schirner Verlag).

[**] Mein Buchtipp: Anne-Marie Herzog: »Gelebte Rau(ch)nächte – Mit Räucherrezepturen für jede Raunacht« (erschienen im Freya Verlag).

[***] Eine wundervolle Rauhnachtsessenz findest du in meinem Online Shop auf www.einhornessenz.de sowie auf www.schirner.com.

21. Dezember: Wintersonnenwende – Ordnung und Klarheit schaffen

Heute, am kürzesten Tag des Jahres, beginnt die Zeit des Übergangs, die du wundervoll als Vorbereitung auf die Rauhnächte nutzen kannst. Sie kündet das Ende des alten Jahres an und verkündet das Kommende.

Bereite deinen Eintritt in die Rauhnächte gut vor, damit du diese Zeit in der Verbindung mit den Engeln genießen und dich auf dich besinnen kannst. Mache deinen Kopf frei. Erledige das, was nötig ist, um geistig wirklich frei zu sein. Das bedeutet: Schaffe in sämtlichen Bereichen Ordnung, und sorge für Klarheit. Damit sind nicht nur deine Wohnräume gemeint, zum Jahresende geht es darum, mit sich und der Welt ins Reine zu kommen.

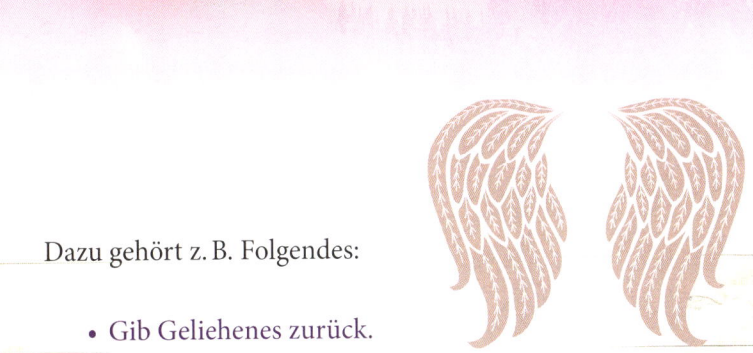

Dazu gehört z. B. Folgendes:

- Gib Geliehenes zurück.
- Begleiche deine Schulden.
- Entschuldige dich, wo es angebracht ist.
- Suche Aussprachen.
- Versuche, einfach alles zu klären,
  was deinen inneren Frieden stört.
- Halte Rückschau: Für was in diesem Jahr
  bist du von Herzen dankbar?

Reinigen mit Räucherwerk und Co.

Der Tag der Wintersonnenwende und die folgenden Tage eignen sich auch hervorragend zum Ausräuchern der Wohnräume, wodurch negative Energien aufgelöst und neutralisiert werden, um für das Neue energetisch Platz zu schaffen.

Zur energetischen Raumreinigung eignet sich Weißer Salbei besonders gut. Darüber hinaus gibt es viel wundervolles Räucherwerk, auch speziell für die Rauhnächte und zur Raumreinigung. Lasse dich einfach inspirieren, und schaue, was dich anspricht oder zu dir findet. Wenn du keinen Rauch magst, kannst du alternativ Raumreinigungsessenzen verwenden. Oder nutze – zusätzlich oder ausschließlich – eines meiner liebsten energetischen Werkzeuge, die silber-violette Flamme der Reinigung, Klärung und Transformation. Rufe dazu die

silber-violette Flamme an, und bitte sie, in deinen Räumen, im Keller, auf dem Dachboden, ja, einfach überall und im ganzen Haus, in jeder Ecke und durch jeden Stein hindurch zu lodern und alle Fremd- und Negativenergien sowie Schattenwesen und alles, was außerhalb deiner Vorstellung liegt, in ihrem Licht zu reinigen und zu klären. Hier eine mögliche Anrufung:

»Lodere, silber-violettes Licht, lodere durch alles hindurch, reinige und kläre überall dort, wo es der Reinigung bedarf.«

Sprich diese Anrufung dreimal hintereinander, um sie zu bekräftigen, die silber-violette Flamme wird sofort für dich wirken.

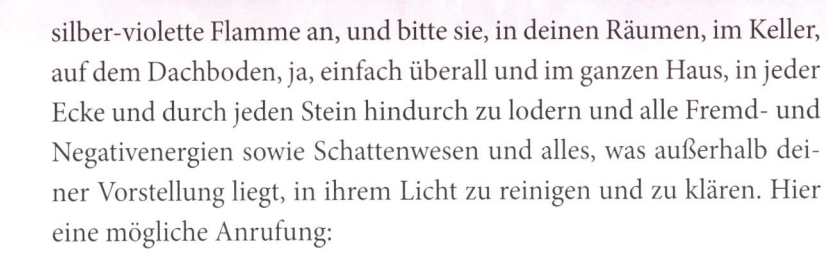

Kraftvolle Affirmationen finden

Zur Manifestation all dessen, was sich in den nächsten Tagen in dir entwickeln wird, sind Rauhnachtaffirmationen, also positive, bejahende Glaubenssätze, die vor oder während der Rauhnächte entstehen können, eine wundervolle Möglichkeit. Erschaffe dir z.B. eine Affirmation zum Loslassen und eine, um das Neue in deinem Leben zu manifestieren. Vielleicht kommt dir allein beim Gedanken daran augenblicklich etwas in den Sinn, oder du gehst konkret auf die Suche nach Affirmationen zu deinen Themen und stellst sie dir individuell zusammen. Lasse dich inspirieren, und spüre nach, was in dir entstehen will. Mit den Engeln an deiner Seite wirst du sicher deine persönlichen Kraftworte finden.

Hier ein paar Beispiele:

- Ich lasse los.
- Mein neuer Weg ist frei.
- Alles, was zu mir gehört, wird zu mir kommen.
- Die Segnungen des Lebens werden mir in reichem Maße zuteil, und meine Zukunft wird von Glück überstrahlt sein.

Einen Kraftplatz erschaffen

Ein Platz, den wir ganz individuell für uns gestalten und heilig halten, hat eine ganz besondere Kraft – besonders in den Rauhnächten. Hier kannst du täglich eine kleine Rauhnachtzeremonie mit den Engeln abhalten, eine Kerze anzünden, eine Orakelkarte ziehen, Rituale begehen, meditieren, deine Erlebnisse niederschreiben und vieles mehr.

Vielleicht hast du schon einen kleinen Hausaltar, dann kannst du natürlich diesen nutzen, oder du errichtest dir einen Kraftplatz speziell für die Rauhnächte. Wähle einen Raum, in den du dich für deine Rituale oder Meditationen zurückziehen kannst und wo du ungestört bist. Das kann auch ein besonderer Platz draußen in der Natur sein, wenn dir die winterlichen Temperaturen nichts ausmachen. Ich persönlich bevorzuge es warm und gemütlich.

TIPP: Eine Anleitung dazu, wie du einen sehr energetischen Kraftplatz in Form eines Orakelrades oder Rauhnachtmandalas erschaffst, findest du im folgenden Kapitel »Seelenspaziergang mit den Engeln«.

Seelenspaziergang mit den Engeln

Ein wundervolles Ritual zur Vorbereitung auf die Rauhnächte ist der Spaziergang mit den Engeln. Hierbei bitten wir unsere Seele, mit den Engeln spazieren zu gehen. Im Folgenden findest du zur Inspiration einen Vorschlag, wie das aussehen könnte. Du kannst diesen Spaziergang individuell für dich verändern. Fühle dich frei, ihn so zu gestalten, wie es dir beliebt.

Vorbereitung

Zur Vorbereitung dieses himmlisch schönen Seelenspaziergangs spüre in dich hinein, und frage dich: Wo in deiner näheren Umgebung gehst du am liebsten spazieren? Gibt es einen für dich besonderen Weg in einem Park, an einem See oder in einem Wald? Wenn du deinen Lieblingsweg ausgewählt hast, gehe diesen schon einmal langsam in Gedanken, und schaue, welche Details dir hier besonders gut gefallen. Gibt es vielleicht eine Stelle, die du den Engeln gern zeigen möchtest? Du kannst diesen Weg auch am Abend vor dem geplanten Spaziergang in Gedanken gehen und auf diese Weise vielleicht schon des Nachts auf Traumebene dazu Informationen von den Engeln erhalten.

Am Tag deines Seelenspaziergangs mit den Engeln der Rauhnächte mache diesen zuerst feinstofflich in einer Meditation. Der Sinn dieses Seelenspaziergangs ist es, den Engeln einen tiefen Einblick zu gewähren, damit sie dich bei all deinen individuellen Themen und in allen Situationen während der Rauhnächte und auch danach bestmöglich unterstützen können. Du wirst spüren, wie wundervoll es ist, wenn die Engel deine Seele für einen Moment an die Hand nehmen.

Meditation:
Seelenspaziergang

Bereite deinen Raum so vor, dass du dich wohlfühlst, z. B. mit Musik, Kerzen, Blumen oder Räucherstäbchen. Setze oder lege dich bequem hin, und atme tief ein und wieder aus. Dann rufe die zwölf Engel der Rauhnächte an deine Seite, und bitte deine Seele, hervorzutreten. Bitte nun die Engel, sie auf Seelenebene an die Hand zu nehmen.

Schließe deine Augen, und nimm deine Seele und die Engel am Anfang deines Lieblingsweges wahr. Es ist gleich, ob du dir diesen Moment bildlich vorstellst oder ihn fühlst, alles ist gut, so, wie du es für dich wahrnimmst. Mache nun deinen Spaziergang mit den Engeln, und sieh oder spüre, was sie dir auf diesem Weg zeigen oder mitteilen möchten. Vielleicht siehst du Gegenstände oder Symbole, oder dir erscheint der Weg aus einer völlig neuen Perspektive. Die Engel bestücken diesen Weg mit all den Informationen, die du für eure zwölftägige gemeinsame Seelenreise benötigst. Dein Weg ist wie ein Pilgerweg, auf dem du neue Einsichten und Erkenntnisse gewinnst. Hier kann dir so einiges klar werden, erkennst du Schönheit oder Dinge, die du zuvor noch nie oder anders wahrgenommen hast. Lasse diesen Weg jetzt deinen Pilgerweg sein, und erfahre, während du ihn gehst, die Kraft und Größe deiner Seele. Lasse jetzt einfach los, und sieh, was passiert. Alles ist möglich und kann jetzt als Botschaft, Bild oder Symbol zu dir kommen. Vielleicht zeigen dir die Engel zu jedem Monat des neuen Jahres etwas.

Lasse dir Zeit für diesen Weg, und nimm alles auf, was dir bei diesem Seelenspaziergang mitgegeben wird … Und wenn du bereit bist, den Spaziergang zu beenden, verabschiede dich von den Engeln, und komme in deiner Zeit zurück in den Raum, wo du dich körperlich befindest.

Schreibe gern auf, was du gerade mit den Engeln erlebt und welche Botschaften du erhalten hast.

Du hast nun deinen Spaziergang mit den Engeln im Geiste und in der Meditation vollzogen. Zur weiteren Vorbereitung bereite ein Orakelrad oder Rauhnachtmandala für die kommenden zwölf Tage bzw. für die nächsten zwölf Monate vor. Nimm dazu ein oder mehrere Kartensets deiner Wahl zur Hand, ziehe zwölf Karten, lege diese verdeckt ab, und lasse sie liegen, bis du von deinem Spaziergang wiederkommst.

TIPP: Falls du gerade aus gesundheitlichen Gründen, wegen schlechten Wetters oder aus anderen Gründen keinen Spaziergang machen kannst, dann hebe dir diesen Teil des Rituals einfach für einen anderen Tag auf, oder mache erneut einen feinstofflichen Spaziergang, so, wie es in deiner Situation gerade stimmig ist.

RITUAL:
Spaziergang auf deinem Lieblingsweg

TIPP: Auf diesem Spaziergang werden dir verschiedene Geschenke der Natur dargeboten. Nimm eine kleine Tasche oder Ähnliches mit, um sie verstauen zu können.

Mache dich auf zu deinem Lieblingsweg. Hier beginnt der Pilgerpfad mit den Engeln. Bitte deine Seele wieder, nach vorn zu treten, rufe erneut die zwölf Engel der Rauhnächte an deine Seite, und bitte sie, deine Seele auf energetischer Ebene an die Hand zu nehmen.

Schließe für einen Moment deine Augen, nimm dich in Form deiner Seele wahr, und sieh, spüre oder stelle dir vor, welche Farbe deine Seele hat. Die Farbe, die deine Seele gerade trägt, ist die Farbe deiner Gedanken, vielleicht kannst du sehen und spüren, wie sich das Licht deiner Seele während dieses Spaziergangs verändert.

Die Engel bitten dich, auf eurem gemeinsamen Weg zwölf Gegenstände der Natur einzusammeln, die du für dein Orakelrad/Rauhnachtmandala verwenden kannst. Die Utensilien, wie Steine, Blätter, Federn oder Stöckchen, werden dich rufen. Nimm nur das mit, was dir die Natur freiwillig gibt und bereitgestellt hat und worauf die Engel deine Aufmerksamkeit lenken.

Nun beginne deinen Rauhnachtspaziergang mit den Engeln. Gehe diesen Weg in Stille, lausche, worauf die Engel dich auf dem Weg hinweisen möchten, und zeige ihnen, was du ihnen zeigen möchtest. Verweile an den Stellen, wo du dich besonders wohlfühlst, und lasse diesen Spaziergang ein ganz besonderes Erlebnis für dich sein.

Du wirst immer an dieses besondere Erlebnis zurückdenken, wenn du deinen Lieblingsweg erneut gehst. Du wirst dich erinnern, wie es war, mit den Engeln hier zu sein, und diesen Weg, der ja irgendwie dein Weg ist, in einem neuen Licht und mit neuen Augen sehen.

Du bist diesen Weg jetzt auf drei Ebenen gegangen, in Gedanken, auf der feinstofflichen Ebene und auch körperlich – immer in Verbindung mit den Engeln und mit dem Wunsch, deinen Weg aus einer neuen Perspektive zu sehen.

Wieder zu Hause angekommen, ist es an der Zeit, vielleicht bei einer Tasse Tee, dein Orakelrad/Rauhnachtmandala als Kraft- und Mittelpunkt für die kommenden zwölf Tage auszulegen. Nutze dafür die Karten, die du bereits vor deinem Spaziergang gezogen hast.

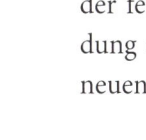

RITUAL:
Orakelrad/Rauhnachtmandala

Suche dir für das Orakelrad oder Rauhnachtmandala einen Platz, wo es dich nicht stört. Du kannst seine Größe ganz frei wählen. Ein kleiner Tisch, ein Regal oder ein Platz auf deinem Hausaltar ist ebenso geeignet wie der Fußboden in einem deiner Räume, sodass du dich, wenn du das möchtest, hineinstellen oder -setzen kannst.

Nimm nun die zwölf Karten zur Hand, die du im Vorfeld für die Rauhnächte gezogen hast. Lege diese Karten im Kreis an deinem zuvor festgelegten Platz aus. Spannender ist es natürlich, wenn du sie verdeckt hinlegst und in jeder neuen Rauhnacht eine Karte umdrehst. Du kannst auch zwölf weitere Karten ziehen, die dir einen Impuls für jeden Monat des kommenden Jahres geben, auf diese Weise hättest du z. B. eine Karte für die jeweilige Rauhnacht und eine zusätzliche für den dazugehörigen Monat.

Gestalte dein Rad/Mandala nach Belieben. Verwende hierzu die Naturutensilien, die du auf deinem Spaziergang gesammelt hast, auch jeder dieser Gegenstände steht für eine Rauhnacht/einen Monat im kommenden Jahr. Die Zuordnung der Gegenstände darf ganz intuitiv erfolgen. Füge darüber hinaus hinzu, was dir beliebt, z. B. Edelsteine oder Engel-, Einhörner- oder Drachenfiguren. Auch eine Kerze für die Mitte ist schön. Es gibt übrigens wunderschöne batteriebetriebene Kerzen, die sicherer sind, weil sie über Stunden auch unbeaufsichtigt für dich leuchten können. Bitte lasse echte Kerzen niemals unbeaufsichtigt brennen.

Nun ist dein Energiemittelpunkt für die nächsten Tage fertig und kann dir zu Beginn eines jeden Tages oder an den Abenden als Kraftplatz und Ausrichtungspunkt für die Rauhnächte mit den Engeln dienen. Ob für Rituale, zum Orakeln, Reflektieren oder Aufschreiben von Erlebtem – an diesem Ort wirst du dich immer sofort angebunden und mit den Engeln verbunden fühlen.

TIPP: Wenn du möchtest, fotografiere dein sicher ganz wundervolles Rauhnachtmandala, und lege das Bild zum Andenken und Immer-wieder-Eintauchen in die Energie in dieses Buch hinein.

24. Dezember: Heiligabend

Stille Nacht, heilige Nacht … In der Nacht vom 24. auf den 25. Dezember treten die Engel der Rauhnächte an deine Seite, um dich durch die kommenden, für dich so besonderen Rauhnächte zu begleiten. Nutze diese wundervolle Energie der beginnenden magischen ersten Rauhnacht, in der sich für dich die Portale in die Oberen Welten weit öffnen, und mache an diesem Tag des Heiligen Abends ein kleines Begrüßungs- und Eröffnungsritual für deine Rauhnächte.

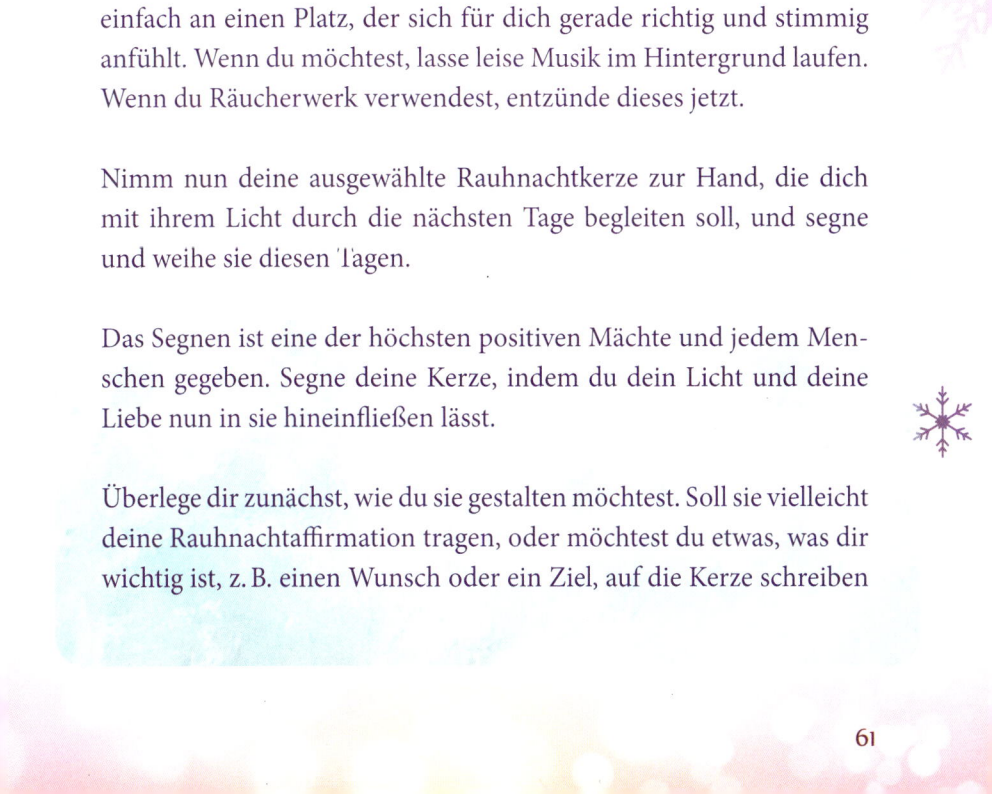

RITUAL:
Begrüßungs- und Eröffnungsritual

Für dieses Ritual benötigst du:

- 1 Rauhnachtkerze
- Räucherwerk/-stäbchen/-essenzen
- Orakelkarten
- 1 wasserfesten Filzstift, mit dem du auf Wachs schreiben kannst, und/oder einen spitzen Gegenstand, mit dem du etwas in deine Kerze ritzen kannst
- Streichhölzer/Feuerzeug
- 1 Stift und Papier oder dein Rauhnachttagebuch für Notizen

Setze dich entspannt vor deinen Altar, dein Rauhnachtmandala oder einfach an einen Platz, der sich für dich gerade richtig und stimmig anfühlt. Wenn du möchtest, lasse leise Musik im Hintergrund laufen. Wenn du Räucherwerk verwendest, entzünde dieses jetzt.

Nimm nun deine ausgewählte Rauhnachtkerze zur Hand, die dich mit ihrem Licht durch die nächsten Tage begleiten soll, und segne und weihe sie diesen Tagen.

Das Segnen ist eine der höchsten positiven Mächte und jedem Menschen gegeben. Segne deine Kerze, indem du dein Licht und deine Liebe nun in sie hineinfließen lässt.

Überlege dir zunächst, wie du sie gestalten möchtest. Soll sie vielleicht deine Rauhnachtaffirmation tragen, oder möchtest du etwas, was dir wichtig ist, z. B. einen Wunsch oder ein Ziel, auf die Kerze schreiben oder in sie hineinritzen? Dort können auch die Namen der Engel der Rauhnächte stehen oder zur Erinnerung an diese Rauhnächte das heutige Datum und dein Name – oder auch einfach gar nichts. Alles ist möglich, es ist deine Kerze. Vielleicht möchtest du dich der Kerze auch jeden Tag wieder widmen und etwas auf ihr hinterlassen.

Wenn du für heute fertig bist, halte deine Kerze an dein Herz, und verbinde dich über deinen Herzschlag mit ihr. Lasse all deine Liebe und deine Wünsche und Hoffnungen für die Rauhnächte über dein Herz in die Kerze einströmen.

TIPP: Wenn du das Ritual gemeinsam mit anderen begehst, könnt ihr dabei symbolisch für den Herzschlag trommeln. Natürlich kannst du auch trommeln, wenn du allein bist, oder Trommelklänge abspielen.

Wenn du eine Rauhnachtaffirmation gewählt hast, so lasse diese gern in die Kerze einschwingen. Im Anschluss segne deine Kerze, z. B. mit den Worten:

> *»Ich segne dich mit meinem Licht und mit meiner Liebe,*
> *lasse du den Segen, wann immer ich dich entzünde,*
> *durch dein Licht zu mir, in mein Herz strömen.*
> *Möge dein Licht meine Gedanken sowie meinen Weg erhellen,*
> *den ich gemeinsam mit den Engeln in den Rauhnächten und*
> *weit darüber hinaus gehe.*
> *Möge mir dein Licht in der dunklen Jahreszeit und in jedem*
> *dunklen Moment Wärme, Liebe und Hoffnung schenken,*
> *wann immer ich diese benötige. So sei es!*

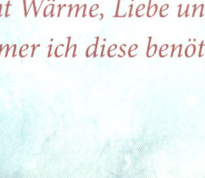

*Hiermit weihe ich dich für mich und für die Rauhnächte 20…
mit meinem Licht, mit meiner Liebe und mit all meinen Wünschen,
Visionen und Hoffnungen für meine Zukunft.
Möge der Segen der Rauhnächte mich im neuen Jahr begleiten und
ich mich immer wieder an dein Licht erinnern.*

*Danke von Herzen
(Amen in Liebe).«*

Dann entzünde deine Kerze, und rufe dabei die Engel der Rauhnächte an:

*»Ihr lieben Engel der Rauhnächte, ich rufe euch an,
durch die Portale aus der Oberen Welt zu mir zu strömen und
mich durch die Rauhnächte zu begleiten.
Durch dieses Licht verbinde ich mich mit euch und
bitte um Führung und Geleit in dieser besonderen Rauhnachtzeit.
Lasst bitte euer Licht für mich strahlen.
Danke, Danke, Danke.«*

Dann nimm die Kerze, und halte sie in den Rauch deines Räucherwerks oder Räucherstäbchens, oder sprühe sie mit einer Essenz ein, die die Energie aktiviert und den Zauber der Rauhnächte für dich greifbar macht.

Wenn du möchtest, ziehe nun noch eine Orakelkarte, die dir anzeigt, in welchem Lebensbereich das Licht deiner Kerze besonders für dich wirkt und strahlt. Du kannst im Anschluss daran die Karte in die Mitte deines Rauhnachtkraftplatzes legen und deine Kerze daraufstellen. Lasse das Ritual dann so, wie es dir beliebt, ausklingen.

Die
Engel
der
Rauhnächte

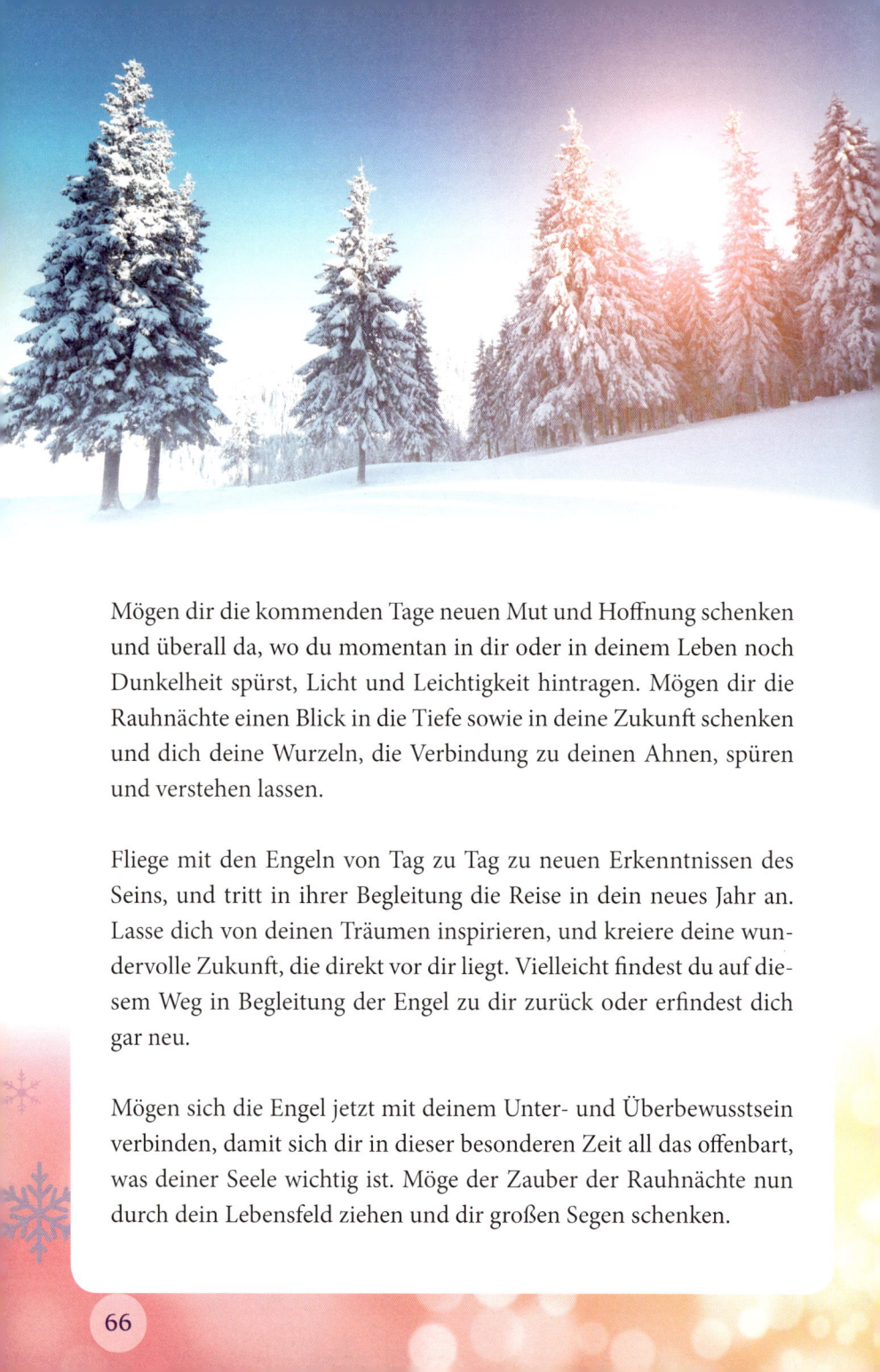

Mögen dir die kommenden Tage neuen Mut und Hoffnung schenken und überall da, wo du momentan in dir oder in deinem Leben noch Dunkelheit spürst, Licht und Leichtigkeit hintragen. Mögen dir die Rauhnächte einen Blick in die Tiefe sowie in deine Zukunft schenken und dich deine Wurzeln, die Verbindung zu deinen Ahnen, spüren und verstehen lassen.

Fliege mit den Engeln von Tag zu Tag zu neuen Erkenntnissen des Seins, und tritt in ihrer Begleitung die Reise in dein neues Jahr an. Lasse dich von deinen Träumen inspirieren, und kreiere deine wundervolle Zukunft, die direkt vor dir liegt. Vielleicht findest du auf diesem Weg in Begleitung der Engel zu dir zurück oder erfindest dich gar neu.

Mögen sich die Engel jetzt mit deinem Unter- und Überbewusstsein verbinden, damit sich dir in dieser besonderen Zeit all das offenbart, was deiner Seele wichtig ist. Möge der Zauber der Rauhnächte nun durch dein Lebensfeld ziehen und dir großen Segen schenken.

1.
Rauhnacht

24./25. Dezember

**Engel der Stille
Monat: Januar**

Heute, in der Nacht des Heiligen Abends, tritt mit der ersten Rauhnacht der Engel der Stille an deine Seite, um dich mit der heiligen himmlischen Stille des Augenblicks zu umfangen. Der Engel der Stille schenkt dir die Ruhe, die du gerade so dringend benötigst, um wieder zu dir und in den Einklang mit deinem Herzen zu finden. So vieles, was dir zu Ohren gekommen ist – Neuigkeiten, Sensationen und Schönes ebenso wie Unfassbares und Trauriges des vergangenen Jahres –, will verarbeitet werden. Kehre der lauten und schnellen Welt für diesen Tag oder wenigstens einen Moment des Tages den Rücken, halte in Begleitung der Engel Rückschau, und gib dich ganz der Stille des Moments hin.

TIPP: Spüre nach, wie es für dich in dieser Nacht und am kommenden 1. Weihnachtstag am stimmigsten ist, in die Stille zu finden, und wie viel Raum du dir dafür nehmen möchtest. Jeder begeht die Weihnachtsfeiertage ganz individuell, ob mit der Familie, mit Freunden oder vielleicht auch allein. Vielleicht stehen dir sowieso ein sehr besinnlicher Abend und ein ruhiger Feiertag bevor, oder du kommst erst nach dem großen Familienfest und Trubel in die Ruhe und Stille.

Tagesimpulse

*Ausruhen bedeutet Platz schaffen für das,
was sonst zu kurz kommt.*

✳ Ziehe die erste Orakelkarte.
✳ Ruhe und Erholung sind heute entscheidend. Gönne dir Pausen.
✳ Die größte Offenbarung ist die Stille. Finde in die Stille,
   und reflektiere.
✳ Engelmagie: Der Engel der Stille berührt dich, damit du den
   Klang deines Herzens und den Ruf deiner Seele hören kannst.
✳ Engelräucherung für diesen Tag: Johanniskraut öffnet den Geist.

RITUAL: Bewusst atmen

Spannung entsteht in unserem Körper in den Muskeln. Damit du ganz in die Stille eintauchen kannst, lasse alle Anspannung, die sich noch in deinem Körper befindet, durch bewusste An- und Entspannung sowie bewusstes Atmen los.

Setze dich bequem hin, und nimm einen tiefen Atemzug. Mit dem nächsten Atemzug spanne kurz all deine Muskeln an, und halte deinen Atem an, dann atme aus, und lasse los. Puste die Anspannung mit deinem Atem förmlich aus deinem Köper hinaus. Noch einmal: Tief einatmen, kurz alle Muskeln anspannen, Luft anhalten, ausatmen und loslassen, alle Anspannung hinauspusten. Ein letztes Mal: Atme tief ein, spanne kurz deine Muskulatur an, halte die Luft an, dann atme aus, und lasse los, puste und atme alles hinaus. Nun atme ganz normal, ruhig und entspannt weiter ein und aus. Spürst du den Unterschied?

Der Engel der ersten Rauhnacht sagt dir:
»Stille bedeutet nicht Stillstand, denn in der Stille
spürst du dich selbst und nimmst gleichzeitig alles wahr,
was dich umgibt. Begib dich in die Stille, und
der Moment wird ganz dir gehören.«

Nutze die folgende Meditation, um in der Stille Rückschau zu halten, zu reflektieren und vielleicht auch um Verzeihung zu bitten oder dir selbst zu verzeihen. Trägst du noch unbeantwortete Fragen in dir, dann bitte die Engel, dir diese zu beantworten, und lausche in der Stille nach Antworten.

Meditation:
Stille und Frieden

Setze oder lege dich an einen Platz, an dem du ungestört bist. Atme tief ein und aus, schließe deine Augen, und zentriere dich in dir. Gedanken kommen und gehen, lasse sie einfach ziehen. Emotionen steigen auf, lasse diese aufkommen und wieder gehen, bis du Wärme, Ruhe und Stille in deinem Herzen spürst.

Der Engel der Stille berührt und umfängt dein Sein, all deine Sinne richten sich im Moment der Stille neu in dir aus. Lasse dich von ihm immer tiefer in die Stille deines Selbst, deines Seins, hineintragen. Höre und sieh, was er dir in der Stille offenbart. Alles ist jetzt möglich, lasse diesen Moment ganz individuell für dich wirken und sein.

Verweile, solange du möchtest, in der Stille deines Seins. Finde dich, deinen Seelenfrieden und die Antworten, die du suchst …

Komme im Anschluss mit einigen tiefen Atemzügen ganz in dein Bewusstsein zurück, und notiere, was dir offenbart wurde. Versuche, den Rest des Tages in Ruhe zu verbringen.

2.

Rauhnacht

25./26. Dezember

**Engel der Reinigung
und Klärung
Monat: Februar**

Lasse heute die Schatten des vergangenen Jahres mit dem Engel der Reinigung und Klärung weichen. Alles Erlebte, was dich noch mit Traurigkeit erfüllt, jedes negative Gefühl, das in deinem Herzen, in deiner Seele oder vielleicht auch als Schmerz irgendwo in deinem Körper festsitzt, darf sich transformieren oder auflösen – eine neue Frische und Leichtigkeit dürfen an diese Stelle in dir einziehen. Erleichtere dein Sein auf wundervolle Weise, indem du das, was dich herunterzieht und dein Herz schwer macht, mithilfe des Engels loslässt, denn heute ist (d)ein perfekter Tag dafür.

71

Tagesimpulse

An der frischen Luft atmet die Seele.

* Ziehe die zweite Orakelkarte.
* Entgifte deinen Körper. Nimm ein Salzbad, trinke Detox-Tee.
* Tue Geist und Seele etwas Gutes. Löse dich von negativen Gedanken und allem, was dein Herz schwer macht.
* Räuchere dein Haus/deine Wohnung.
* Engelmagie: Der Engel der Reinigung und Klärung berührt dich, damit du dich von allem befreien kannst, was niedriger schwingt als du selbst, was dich festhält oder herunterzieht, und damit du dich mit dem Höheren verbinden kannst, was dich in ein neues Denken und Sein erhebt.
* Engelräucherung für diesen Tag: Fichtennadel schenkt Reinigung, Schutz und Kraft.

RITUAL: Schwere loslassen

Für dieses Ritual benötigst du:
- 2–3 Natursteine/Edelsteine
- 1 Schale mit Wasser

Nimm die Steine/Edelsteine in deine Hände, schließe deine Augen, und bitte den Engel der Reinigung und Klärung, deine Hände mit seinen zu umfangen. Lasse nun alle negativen Gefühle wie Schwere, Sorge oder Traurigkeit in dir aufsteigen. Spüre, wie die Energie des Engels durch deine Hände fließt und alles, was gerade in dir aufsteigt, durch seine Unterstützung in die Steine hineinströmt. Vielleicht fühlen sie sich dadurch plötzlich etwas schwerer an.

Wenn du den Impuls dazu verspürst, lege sie in die vorbereitete Schale mit Wasser. Das Wasser wird nun die Steine reinigen, lasse sie fünf Minuten oder länger in der Schale liegen. Anschließend nimm sie wieder heraus, und gib das Wasser in die Natur, übergib es Mutter Erde, sie wird die Energien gern augenblicklich transformieren. Bedanke dich bei ihr und dem Engel, und spüre einen Moment in dir nach.

Der Engel der zweiten Rauhnacht sagt dir:
»Du wirst schon bald Klarheit zu dem Thema erhalten,
das dich im Moment am meisten belastet. Zeichen und Lösungen
werden dir gegeben, die du zuvor noch nicht gesehen hast.
Vieles wandelt sich zu deinen Gunsten.«

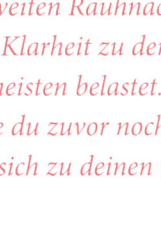

Meditation:
Energetischer Schutz

Begib dich an einen ruhigen Ort. Rufe den Engel der Reinigung und Klärung an deine Seite, und spüre, wie sich seine Energie neben dir und um dich herum ausbreitet. Der Engel schaut dich liebevoll an, und du spürst augenblicklich, was in dir der Reinigung und Klärung bedarf. Du fühlst jetzt, wie du durch eine sanfte Berührung des Engels in eine große, mit klärender Energie gefüllte Lichtkugel gehüllt wirst, die dich augenblicklich voller Leichtigkeit aufsteigen lässt, dich sanft hin- und herwiegt und dabei sicher in sich trägt. Die Kugel fühlt sich an wie ein schützender Kokon, der dir für den Moment alles unendlich leicht erscheinen lässt. Nun zeigt sich dir der Engel in seiner wahren Größe und hält dich in der Lichtkugel in seinen Händen, er trägt dich hoch hinauf zum höchsten Punkt der Quelle, der Urquelle. Hier ist es dir möglich, die Lichtkugel zu verlassen.

Gemeinsam mit dem Engel gehst du zur Quelle hin. Der Engel bittet dich, dein feinstoffliches Herz mit all seinen Emotionen für einen Moment in seine Hände zu legen, damit er es unter dem Lichtstrom des Urquells von aller Schwere, Traurigkeit und von Verletzung befreien kann. Der Engel hält dazu seine Hände wie zu einer Schale, nimmt achtsam dein energetisches Herz und hält es unter den klärenden Strom der Quelle.

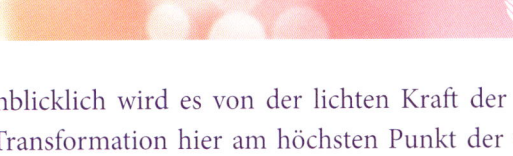

Augenblicklich wird es von der lichten Kraft der Reinigung und Transformation hier am höchsten Punkt der Quelle der Liebe umspült. Die Energie dringt mit all ihrer positiven Kraft in dein Herz. Im ersten Moment fühlt es sich an, als würden Blockaden wie Steine gelöst und weggespült, dann zeigt sich dein Herz wie ein harter Schwamm mit unterschiedlich großen Poren, die Emotionen zu dir durchlassen. Alles, was gelöst, transformiert und gereinigt werden darf, sickert wie bei einem Schwamm durch dein Herz hindurch und löst sich augenblicklich auf, die Poren werden immer feiner und weicher, und dein Herz wird immer glatter und rosiger, die natürliche Schutzschicht deines Herzens stabilisiert sich, und alle Narben, die durch Verletzungen deines Herzens entstanden sind, werden immer zarter, bis sie vielleicht sogar ganz weichen, in die Heilung gehen dürfen. Ob dies geschieht, obliegt dem individuellen Moment, die Möglichkeit jedoch besteht immer!

Der Engel bittet dich nun, hier an der Quelle Platz zu nehmen und deine Füße unter den klärenden Lichtstrom zu halten, damit alles, was sich noch aus deinem Körpersystem lösen darf, über deine Füße abfließt und augenblicklich im Licht transformiert wird. Es fühlt sich herrlich an, wie alles vom strömenden Licht der Quelle einfach weggespült wird. Jeder einzelne Lichtpartikel entspannt und klärt dich.

Während du hier verweilst, trägt der Engel dein wunderschönes und geklärtes Herz hoch hinauf zum höchsten Punkt der Liebe, wo er es in die Hände des höchsten Lichts legt, um es segnen zu lassen – für dich und dein Leben, für alles, was, und für jeden, den du liebst, für all deine Gefühle und besonders für die Liebe zu dir selbst. Damit du dich wieder ganz in dir

und voller Liebe zu dir wahrnimmst und spürst, genau so, wie du bist, denn du bist die Liebe in dir.

Sieh, wie der Engel dein wunderschönes und leuchtendes energetisches Herz wieder zu dir trägt und mit dir vereint. Atme tief ein, und spüre, wie es dich durchfährt und eine lichte Kraft dich und dein ganzes Sein zum Strahlen bringt. Alle neuen Energien verteilen sich mit jedem weiteren Atemzug in dir, und du fühlst dich jetzt unendlich wohl.

Lasse die Energie in dir schwingen und wirken, denn so können sich tief liegende Themen lösen, fühle dich frei! Der Engel trägt dein feinstoffliches Selbst nun wieder in die Lichtkugel und führt dich langsam und sicher zurück zu deinem Ausgangspunkt.

Verweile, genieße, und komme dann langsam zurück ins Hier und Jetzt. Spüre, wie du voller Energie in den Tag oder, wenn du nun schlafen gehst, geklärt und gestärkt am nächsten Morgen in den neuen Tag startest.

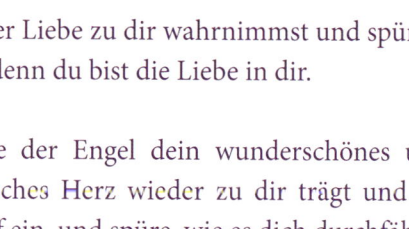

3.

Rauhnacht

26./27. Dezember

Engel des Seins
Monat: März

Heute, mit Beginn der dritten Rauhnacht, tritt der Engel des Seins an deine Seite und lässt dich spüren, wer du in deinem ganzen Sein, in deiner ICH-BIN-Präsenz, bist.

Das Sein ist ein Bewusstseinszustand. Alles, was du denken und fühlen kannst, kannst du auch sein. Sein heißt existieren, und heute ist der ideale Tag, um das Bewusstsein über deine Existenz zu stärken – über das, was du brauchst, um deine Welt zu durchdringen, um dich zu erfahren und um zu spüren, was du für dein Leben, zum Glücklichsein wirklich brauchst.

Die dritte Rauhnacht ist auch die Zeit der heiligen Schau. Schaue auf dich und dein Leben. Was und welcher Lebensbereich brauchen gerade deine Aufmerksamkeit, um zu wachsen und lichtvoll zu gedeihen, sodass du mit dem Ergebnis glücklich sein kannst?

Tagesimpulse

Du kannst glücklich sein, wann immer du es willst,
du brauchst dazu nur den Gedanken und
das Gefühl in dir zu aktivieren.
Was du über dich denkst, wirst du sein.

✳ Ziehe die dritte Orakelkarte.

✳ Deine Existenz ist für heute genug. Sei ganz bei dir.

✳ Lege deine Hand auf dein Herz, denke an all das, was dir an dir besonders gut gefällt, und spüre die Verbundenheit mit dir selbst.

✳ Engelmagie: Der Engel des Seins berührt dich, damit du dich und dein Leben mit den Augen der Unendlichkeit siehst und verstehst. Erfahre dich und die Besonderheit deines Seins.

✳ Engelräucherung für diesen Tag: Boldoblätter klären den Geist und zentrieren.

RITUAL:
Einfach glücklich sein!

Denke jetzt an etwas, worüber du unendlich glücklich bist, weil es dir gelungen ist, du es gemeistert hast oder weil es Teil deines Lebens ist, und spüre das Gefühl, das in dir aufsteigt. Nun nimm dieses gute Gefühl, und verknüpfe es gedanklich mit einer Sache, die du gern noch erleben/erreichen möchtest. Lasse dein gutes Gefühl die Energie zur Manifestation deines Erfolgs und Glücks sein. Visualisiere dein Ziel, spüre, wie es ist, wenn du dein Ziel erreicht hast und förmlich dein Glück in den Händen hältst. Wie schön, dich so glücklich zu sehen ... Träume dich, sooft du möchtest, in dein glückliches Sein, und schon bald wirst du in der Wirklichkeit dieses Glück erfahren.

Der Engel der dritten Rauhnacht sagt dir:
»Ich bin der, der ICH BIN. Du bist der/die, der/die DU BIST.
Und wir sind die, die WIR SIND. Wir alle sind EINS!
Das gesamte Universum ist eins, wir alle sind die universelle Kraft der
ICH-BIN-Präsenz. Das Universum lebt durch dich,
jeder einzelne Mensch ist wichtig im großen All-eins-Sein.
Spüre dich als diesen wichtigen Teil von allem, was ist!«

In der folgenden Meditation führt dich der Engel des Seins von deiner ICH-BIN-Präsenz zur universellen Präsenz, damit du dich allumfassend spüren und wahrnehmen kannst. Blicke aus der höheren Perspektive auf dein Leben, und halte deine innere heilige Schau.

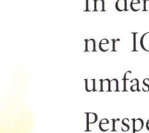

Atme bewusst von innen nach außen und von außen nach innen. Löse dich dabei von allen Gedanken und Gefühlen, bis du ganz bei dir, in der Gegenwart deines Seins, angekommen bist.

Der Engel des Seins tritt an deine Seite, spüre und sieh, wie er jetzt eine wunderschöne Lichtsäule aus strahlend purpurgoldenem Licht in deinen Raum hineinströmen lässt. Dieses wunderschöne purpur-goldene Licht verströmt und verteilt sich, berührt dich, hüllt dich liebend, schützend und wärmend ein. Spüre, wie die Energie der universellen Präsenz immer mehr deinen Raum und dein ganzes Sein erfüllt, atme sie tief ein, atme die Energie in dein Herz, und spüre, wie die universelle Präsenz in dein Herz hineinströmt.

Atme erneut tief in dein Herz ein und nun durch dein Drittes Auge wieder aus. Spüre, wie das universelle Licht dein Drittes Auge klärt und stärkt.

Bitte dein Drittes Auge, deinen inneren Blick zu übernehmen. Strahlend weißes Licht erscheint in diesem Moment direkt vor dir, vor deinem inneren Auge. Du erkennst die Silhouette eines anmutigen Einhorns, dessen Lichthorn golden strahlt.

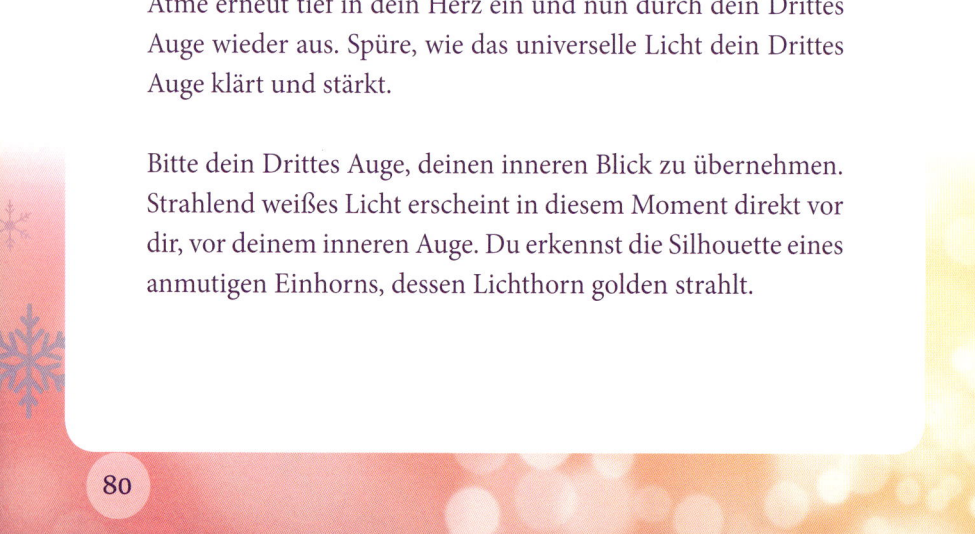

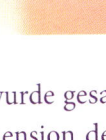

Es wurde gesandt und ist gekommen, um dich in die höchste Dimension des Seins zu begleiten. Das lichte Wesen berührt liebevoll mit seinem golden glänzenden Horn dein Herz, durch diese Berührung spürst du nun die allumfassende Liebe in deinem Herzen. Du spürst das tiefe Gefühl der universellen Allverbundenheit in dir.

Der Engel des Seins und das Einhorn begleiten dich nun durch die lichten Ebenen des Seins hoch hinauf zur höchsten Ebene des Lichts, in der du dich als das erfahren kannst, was du bist: Licht von Licht.

Als ihr diese Ebene betretet, nimmst du dich in einem völlig neuen Seinszustand wahr. In diesem Moment spürst du grenzenlose Feinstofflichkeit, die dir alle Wege, alles Wissen und absolute Freiheit eröffnet. Alles in dir wird weit und eins mit dem All. Spüre dein grenzenloses Sein, deine Schöpferkraft, durch die alles möglich zu sein scheint.

In diesem Lichtfeld geleitet dich der Engel des Seins zum Fenster der Zeit und lädt dich ein, einen Blick auf dein Leben zu werfen. Das Besondere an diesem Fenster und dieser Ebene ist, dass du nun aus dem Blickwinkel eines Engels auf dein Leben schauen kannst.

Du stehst vor dem Fenster, und vor dir erscheint dein Leben, deine gegenwärtigen Lebensumstände. Dein Blick fällt auf dich. Du siehst dich an, frei von jeglichem Werturteil und mit den Augen der bedingungslosen Liebe. Du erfährst, wie es ist, als Engelwesen aus dieser Perspektive auf dich zu blicken. Sieh

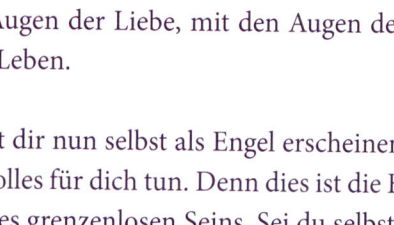

mit den Augen der Liebe, mit den Augen der Engel, auf dich und dein Leben.

Du kannst dir nun selbst als Engel erscheinen und etwas ganz Wundervolles für dich tun. Denn dies ist die Ebene der Schöpferkraft, des grenzenlosen Seins. Sei du selbst für dich der Engel, den du gerade in deinem Leben benötigst.

Spüre jetzt deine Flügel, breite sie aus, und fliege durch das Fenster der Zeit als Engel in dein Leben. Verändere für dich oder bereite dir, was dir als Engel möglich ist. Nimm dir dazu einen Moment Zeit, und gebrauche deine Schöpferkraft für dich und zum Wohle aller in dem Bewusstsein der bedingungslosen Liebe.

Wenn du nun aus deinem Leben in die Lichtebene zurückkehrst, siehst und spürst du nur noch das Licht, das dich durchströmt und das du selbst bist. Das Einhorn steht vor dir und berührt dich mit seinem Licht in der Tiefe deiner Seele, sodass du dich an dein ursprüngliches Sein erinnerst, an deine lichten Kräfte, an all deine Talente und Fähigkeiten und daran, wie du sie zum höchsten Wohle für dich und andere einsetzen kannst. Alles ist Licht, du bist Licht, und du spürst jetzt deine lichten Kräfte, Talente und Möglichkeiten durch die Berührung des Einhorns.

Der Engel des Seins schenkt dir nun einen tiefen Blick in deine Seele, auf jenen Moment, als deine Seele bereit war, zur Erde zu kommen. Er zeigt dir, welche Engel, Meister oder anderen Lichtwesen an deiner Seite standen, und er gewährt dir einen Blick auf deinen Lebensplan.

Dieser Moment lässt dich augenblicklich sehen, hören und verstehen, warum es dir wichtig war, diese Inkarnation zu leben, warum du genau zu diesen Eltern gehen wolltest und was deine Seele dadurch lernen wird und wollte.

Du siehst nun, wer in diesem Moment gegenwärtig ist. Vielleicht sind es deine Eltern oder andere Familienangehörige. Blicke auf dein Sein, und sieh nicht mit dem Verstand, sondern mit deinem Herzen, mit deiner Seele. Verstehe in diesem Moment, was deine Seele in dieser Inkarnation lernen und erfahren möchte und was dein wundervolles Sein ausmacht.

Du wirst jetzt und im Nachklang dieser Reise verstehen, warum alles ist, wie es ist, und dass nichts und niemand zufällig bei dir und in deinem Leben ist. Dieser Moment schenkt dir tiefes Vertrauen in dich, dein Leben und den dir vorbestimmten Weg. Alle Fragen über dein Leben erübrigen sich jetzt, und du spürst, dass alles gut ist, wie es ist, und du zu jeder Zeit sicher, geliebt und von lichten Kräften getragen bist. Dies zu wissen, wird dein Leben positiv verändern. Du weißt, dass alles unendlich und verbunden ist über alle Zeiten hinweg und du voller Vertrauen in dich und deine Seele deinen Weg weitergehen kannst.

Das purpur-goldene Licht durchströmt und erfüllt jede Zelle deines Seins mit der universellen Präsenz, die du bist. Du erkennst dich und dein Sein. Fühle dich nun gestärkt von allen Herausforderungen, die du durchlebt und bewältigt hast.

Lege deine linke Hand auf dein Herz, spüre deinen Herzschlag. Spüre, wie es im Einklang mit deinem ganzen Sein schlägt. Du bist eins mit dem All.

Bedanke dich bei deinen himmlischen Begleitern, und atme tief ein. Kehre langsam wieder in dein Körperbewusstsein zurück, und spüre deine Basis und, wie verbunden du bist. In diesem Bewusstsein deines universellen Seins öffne deine Augen, blicke von innen nach außen, und sei wieder ganz bei dir.

4.
Rauhnacht

27./28. Dezember

Engel der Gelassenheit
Monat: April

Heute, in der vierten Rauhnacht, tritt der Engel der Gelassenheit an deine Seite. Gelassenheit ist die große Kunst, Ausgeglichenheit in Körper, Geist und Seele und besonders im Herzen zu erschaffen. Wenn alles in dir friedlich ist, wird dich so schnell nichts mehr aus der Ruhe bringen, dich in Angst versetzen oder dir Sorge bereiten. Gelassenheit schenkt dir das tiefe Vertrauen, dass es in allen Lebenssituationen einen Weg, für jedes Problem eine Lösung gibt. Mit Gelassenheit im Herzen erkennst du Herausforderungen als Situationen, die einer Lösung bedürfen, und nicht als Dramen, die dir unsagbar viel Stress und Sorge bereiten.

Entlasse heute alle Dramen aus deinem Leben, und komme in Balance. Finde Ruhe in all deinem Tun. Schenke dir selbst und anderen Vertrauen, indem du dir und ihnen etwas zutraust, und begegne allen Veränderungen in deinem Leben mit Gelassenheit, sie wird dir Freiheit im Herzen, in deinem Geist, ja, in all deinen Lebensbereichen schenken.

Tagesimpulse

»Wer die Gegenwart genießt,
hat in Zukunft eine wundervolle Vergangenheit!«
(Autor unbekannt)

✳ Ziehe die vierte Orakelkarte.

✳ Reflektiere für dich: Wie fühlst du dich gerade? Was bereitet dir Stress? Wo verfängst du dich in negativen Gedanken?

✳ Wo siehst du dich in deiner nahen Zukunft? Schließe für einen Moment deine Augen, und nimm mit einem tiefen Atemzug dein aktuelles Sein wahr. Wo spürst du dich, und wie fühlst du dich in dir?

✳ Engelmagie: Der Engel der Gelassenheit berührt dich, damit du die Hektik des Alltags, Druck und Stress besser verarbeiten und in die Ruhe und Gelassenheit finden kannst.

✳ Engelräucherung für diesen Tag: Kamille wirkt aufbauend und beruhigend.

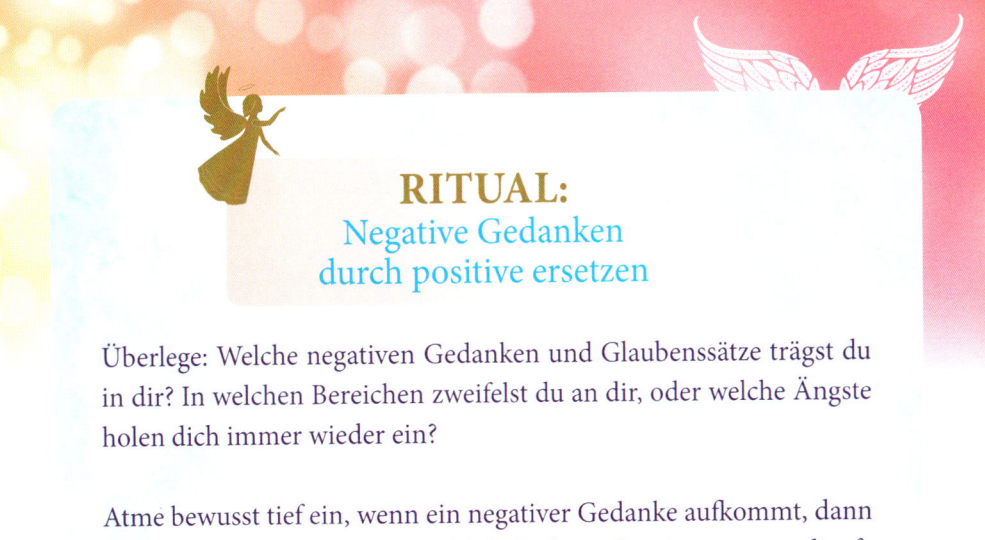

RITUAL:
Negative Gedanken
durch positive ersetzen

Überlege: Welche negativen Gedanken und Glaubenssätze trägst du in dir? In welchen Bereichen zweifelst du an dir, oder welche Ängste holen dich immer wieder ein?

Atme bewusst tief ein, wenn ein negativer Gedanke aufkommt, dann denke an ein großes Stoppschild, halte kurz den Atem an, und rufe innerlich ganz laut »Stopp«. Beim Ausatmen sage dir: »Ich lasse diesen negativen Gedanken los«, und füge eine bestärkende Affirmation hinzu, die zu deiner Situation passt, z. B.: »Alles, was ich anfange, wird mir gelingen!« Wiederhole diesen positiven Gedanken insgesamt drei Mal.

Sei auf deine dir bekannten Gedanken und Glaubensmuster gefasst, und erstelle eine Liste mit positiven Umkehrschlüssen. Wenn dann ein negativer Gedanke oder Glaubenssatz auftaucht, wende diese augenblicklich an, und ersetze deinen negativen Gedanken ganz einfach durch einen positiven. Du wirst sehen, wie viel besser es dir schon bald in allen Lebensbereichen gehen wird, wenn du den kraftraubenden, negativen Gedanken den Nährboden nimmst.

TIPP: Speichere diese Liste ebenso unter »Notizen« auf deinem Handy, oder fotografiere sie ab, damit du sie immer griffbereit hast, wenn du sie brauchst.

Der Engel der vierten Rauhnacht sagt dir:
»Du bist nie zu alt, und es ist nie zu spät.
Selbst wenn die Erde morgen untergehen würde (was sie natürlich
nicht tut), würde der Schöpfer heute noch einen Baum pflanzen.
Nichts ist je zu spät oder vergebens, alles hat seinen Moment und seine
Zeit. Gehe voller Gelassenheit deiner Zeit und
deinem perfekten Zeitpunkt entgegen.«

Lasse uns in der folgenden Meditation deine Herzenstür der Gelassenheit weit öffnen, damit Balance in alle Bereiche deines Lebens einziehen kann.

Wenn eine Tür sich schließt,
vertraue darauf, dass eine bessere schon offen steht.

Meditation:
Die Tür zur Gelassenheit

Suche dir einen schönen und stillen Platz, und komme zur Ruhe. Lasse alle Gedanken wie Wolken an dir vorbeiziehen.

Rufe den Engel der Gelassenheit, und bitte ihn, mit dir in dein Innerstes, in deinen Herzensraum, einzutreten. Lade den Engel ein, mit dir zu diesem Ort in dir zu reisen. Spüre, wie du mit jedem Atemzug immer tiefer in dich, in deinen Herzensraum, hineinsinkst. Dort befinden sich alle deine Eigenschaften, die sich dir jetzt als Türen zeigen, die unterschiedlich weit geöffnet sind.

Du gehst mit dem Engel eine Art langen Flur entlang, und du weißt intuitiv, welche Tür welcher Eigenschaft entspricht. Je weiter die Tür geöffnet ist, desto mehr ist diese Eigenschaft in dir entwickelt. Du kannst an jeder Eigenschaft arbeiten und die jeweilige Tür ganz öffnen. Doch heute gehe zur Tür der Gelassenheit, bleibe vor ihr in Begleitung des Engels stehen, und sieh, wie weit die Tür in dir geöffnet ist. Du kannst den Engel auch bitten, dir zu sagen, zu wie viel Prozent sie geöffnet ist.

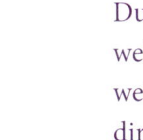

Lade den Engel der Gelassenheit ein, deinen Körper und deinen Geist jetzt mit größtmöglicher Gelassenheit zu versorgen, und lade die Gelassenheit ein, dein ganzes Sein zu erfüllen.

Spüre und sieh, was dadurch jetzt in und mit dir geschieht, wie sich die Tür und dein Herz weit öffnen. Wie sich deine Gedanken neu vernetzen, wie Ausgleich in dir und um dich herum geschieht, eine neue Balance entsteht und du vielleicht hin- und hergewiegt wirst in der Energie der vollkommenen Gelassenheit.

Bitte den Engel, dir alle weiteren Eigenschaften, die du jetzt brauchst, mit dem Blick durch diese Tür als Bilder zu zeigen und sie mit dir zu vereinen.

Lasse dir Zeit beim Anblick dieser Bilder, spüre sie, nimm sie auf deine Weise wahr. Mögen sich jetzt Balance und Ausgeglichenheit wie Balsam über dein Herz und deinen Geist legen.

Kehre ganz in deinem Tempo aus dem Raum deines Herzens in deine Körpermitte zurück, und erfahre dich im Licht deiner neuen Gelassenheit, die dir jetzt, mit dem nächsten Atemzug ein völlig neues Lebensgefühl offenbart.

Genieße an jedem Tag deine neue wundervolle Eigenschaft, die Dinge so hinzunehmen, wie sie sind, und das Beste aus allem zu machen, was das Leben für dich bereithält.

5.

Rauhnacht

28./29. Dezember

Engel der Fülle
Monat: Mai

Heute, in der fünften Rauhnacht, tritt der Engel der Fülle an deine Seite. Fülle muss nicht immer materieller Natur sein. Die größte Fülle, die du erleben kannst, ist der Reichtum an Erinnerungen und Erfahrungen. Geschichten und Erlebnisse, die dein Leben erfüllen, aus denen du schöpfen und von denen du erzählen kannst. Wahre Fülle ist der Schatz dieser Erfahrungen. Erinnere dich an diesen Schatz, und schöpfe daraus, und du wirst dich grenzenlos reich fühlen.

Erinnere dich heute an das Schönste, was du in diesem Jahr erlebt hast, und schreibe es in dein Rauhnachtnotizbuch. Wenn du die Fülle in deinem Leben einmal vermissen oder nicht spüren solltest, nimm deine Notizen zur Hand, und zehre von diesem Schatz der Erinnerung.

Natürlich ist auch die finanzielle Fülle ein wichtiges Thema, wenn wir uns einfach rundum versorgt fühlen wollen. Der Engel der Fülle

wünscht sich nichts mehr, als dass du mit allem, was du benötigst und was du dir wünschst, reichlich gesegnet bist. Heiße daher heute den Engel und die Energie der Fülle herzlich willkommen.

Möge die Fülle dein Leben auf allen Ebenen durchströmen. Möge dir das Universum deine Wünsche auf noch schönere Weise erfüllen, als du es dir je vorstellen kannst.

Tagesimpulse

Es FÜLLE sich dein Heim mit Glück,
dein Herz mit Liebe und deine Tage mit Freude.

* Ziehe die fünfte Orakelkarte.
* Affirmationen für deinen Tag:
  * Ich wähle ein Leben in Fülle und löse heute eventuelle Blockaden auf.
  * Ich glaube an mich selbst und habe ein Leben in grenzenloser Fülle verdient.
  * Finanzieller Reichtum fließt jetzt ungehindert zu mir.
  * Es ist immer genug für alle da. Die grenzenlose Fülle des Universums ist unerschöpflich.
* Engelmagie: Der Engel der Fülle berührt dich, damit du die natürliche Fülle allen Seins erkennen und für dich annehmen kannst.
* Engelräucherung für diesen Tag: Eisenkraut ist ein magisches Heilkraut und verhilft unter anderem zu Reichtum.

RITUAL:
13 Wünsche für das neue Jahr

Für dieses Ritual benötigst du:

- 13 Zettel
- 1 Stift
- 1 Glas, 1 Korb oder 1 Box zur Aufbewahrung der Zettel
- 1 Feuerschale

Dieses klassische Wunschritual darf meiner Meinung nach in den Rauhnächten nicht fehlen.

Überlege dir, welche 13 Wünsche dir besonders am Herzen liegen. Schreibe jeden auf einen Zettel. Formuliere deine Wünsche dabei positiv und so, als wären sie bereits in Erfüllung gegangen, z. B.:

- Ich bin so dankbar, in meinem neuen wunderschönen und heimeligen Haus zu wohnen.
- Mein neuer Beruf erfüllt mein Leben mit Freude und Sinn.
- Ich habe die Zeit meines Lebens. Eine/-n Partner/-in wie diese/-n habe ich mir immer gewünscht, wir ergänzen uns unglaublich gut.

Gehe so mit all deinen Wünschen vor, und schreibe sie so auf, als würdest du einem guten Freund oder einer guten Freundin von deinem erfüllten Leben erzählen.

Anschließend wähle eine der folgenden zwei Möglichkeiten, um dein Wunschritual zu vollenden. Fühle dich dabei ganz frei, dein Wunschritual so zu kreieren, wie es für dich am stimmigsten ist:

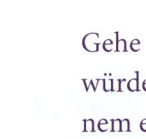

- Nimm dir etwas Zeit, und ordne verdeckt je einen Wunsch einem Monat im neuen Jahr zu. Vielleicht nutzt du dafür dein Rauhnachtmandala. Falte dazu nacheinander alle Zettel, und lege sie jeweils intuitiv auf einen der Monate des kommenden Jahres. Du übergibst deinen Wunsch auf diese Weise der segensvollen Energie deines Rauhnachtmandalas, das dafür sorgt, dass dein Wunsch im neuen Jahr in Erfüllung geht. Hinweis: Ein Zettel bleibt übrig.
- Zelebriere am heutigen Tag das große Ritual, indem du das Jahresrad Monat für Monat durchgehst und je einen deiner Wünsche einem Engel und dem Feuer übergibst. Oder hebe dir das für dein Abschlussritual am letzten Tag der Rauhnächte auf. Hinweis: Auch bei dieser Variante bleibt ein Zettel übrig.

Du fragst dich nun vielleicht, warum es 13 Wünsche sind, es gibt doch nur zwölf Monate. Der Zettel, der übrig bleibt, also der 13. Zettel, ist für dich. Diesen darfst du lesen, und für dessen Erfüllung bist du zuständig! Du kannst natürlich auch dabei die Engel um ihre Unterstützung bitten, und doch ist für diesen Wunsch in erster Linie deine Eigeninitiative gefragt. Sei du selbst für dich der Engel zur Erfüllung dieses Wunsches.

Mögen sich alle deine Wünsche in Liebe und
zum höchsten Wohle erfüllen.

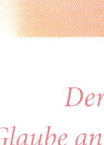

Der Engel der fünften Rauhnacht sagt dir:
»Glaube an die grenzenlose Fülle des Lebens und daran,
dass immer genug von allem für alle da ist. Mangel,
gleich woran und in welcher Form, ist eine Illusion.
Wahre Fülle ist in unerschöpflichem Maß vorhanden.
Fühle dich würdig, diese Energie ganz in dein Leben zu integrieren.
Wähle ein Leben in Fülle.«

Meditation:
Das Feld der Fülle

Atme tief durch, und spüre, wie der Engel der Fülle immer mehr den Raum mit seiner Präsenz erfüllt und dich mit seiner lichtvollen Energie berührt und umhüllt. Durch diese Berührung verbindet dich der Engel jetzt mit der Quelle der unerschöpflichen Fülle. In diesem Feld spürst du augenblicklich, dass der Ursprung unerschöpflich sprudelt und alles im wahrsten Sinne im Überfluss vorhanden ist. Der Engel lässt dich spüren, dass du ein Teil dieses Feldes bist. Somit stehen dir wie jedem anderen Wesen die Fülle und der Reichtum des Universums zu, und du kannst dich aus diesem Feld der unerschöpflichen Möglichkeiten bedienen.

Der Engel zeigt dir jetzt ein Bild dieses unfassbar großen Potenzials. Er legt nun eine Art Schablone so auf dein aktuelles Feld der Fülle, dass du sehen und erkennen kannst, in wie vielen Bereichen deines Seins noch Platz und Raum für die Fülle ist. Diese Bereiche kannst du heute gemeinsam mit dem Engel mit der Energie der vollkommenen Fülle ausfüllen.

Zumeist erzeugen Blockaden, negative Gedankenmuster und Verhaltensweisen diese leeren Felder in dir. Bitte nun den Engel der Fülle, dir alles zu zeigen, was dich daran hindert, deine unendliche Fülle zu leben. Erkenne, wie viel mehr du bist und sein kannst. Nimm dir für diesen energetischen Prozess

Zeit. Die Blockaden sind über viele Jahre entstanden, und es braucht deine neue Sichtweise und dein auf vollkommene Fülle ausgerichtetes Denken und Handeln, um sie aufzulösen.

In diesem Moment lässt der Engel der Fülle dich spüren, wie es ist, wenn dein gesamtes Sein in der Kraft der vollkommenen Fülle schwingt. Atme die Fülle ein, die dich jetzt umgibt, und dehne dich mit jedem weiteren Atemzug immer weiter in ihr und mit ihr aus. Erfülle dich, dein Lebensfeld und alles, was dich umgibt, mit der unendlichen Fülle des ewigen Seins. Dehne dich immer weiter in deinem Lichtfeld aus, und erfülle nun den Raum mit allem, was du bist.

Kehre mit dem nächsten Atemzug wieder ganz zu dir, in deine Körpermitte, zurück, und wiederhole diese Meditation, wann immer sie dich ruft, bis du ganz im Feld der unendlichen Fülle angekommen bist.

6.
Rauhnacht

29./30. Dezember

Engel der Regeneration
Monat: Juni

Heute, in der sechsten Rauhnacht, tritt der Engel der Regeneration an deine Seite. Regeneration kannst du heute vor allem durch Bewegung erreichen. Tanze, bewege dich in deinem eigenen Rhythmus, und bringe deinen Körper in Harmonie und Liebe und in Einklang mit deinem Sein. Lasse dich z. B. von deiner Lieblingsmusik mitreißen, und spüre dich heute in deinem persönlichen Lebenstanz.

Nimm dir an diesem Tag Raum und Zeit für deinen Körper, vielleicht gehst du in ein Schwimmbad oder eine Therme und schwimmst dich einfach einmal frei, schwitzt in der Sauna alles Überflüssige hinaus oder tust einfach das, wovon du weißt, dass es dir und deinem Körper guttut.

Danke deinem Köper auf deine Art dafür, dass er das Zuhause deiner Seele ist und dich so gut durch dein bisheriges Leben und durch das letzte Jahr getragen hat. Vielleicht trinkst du heute viel Wasser, isst etwas besonders Gutes oder tust genau das Gegenteil und fastest, um deinen Körper zu entlasten.

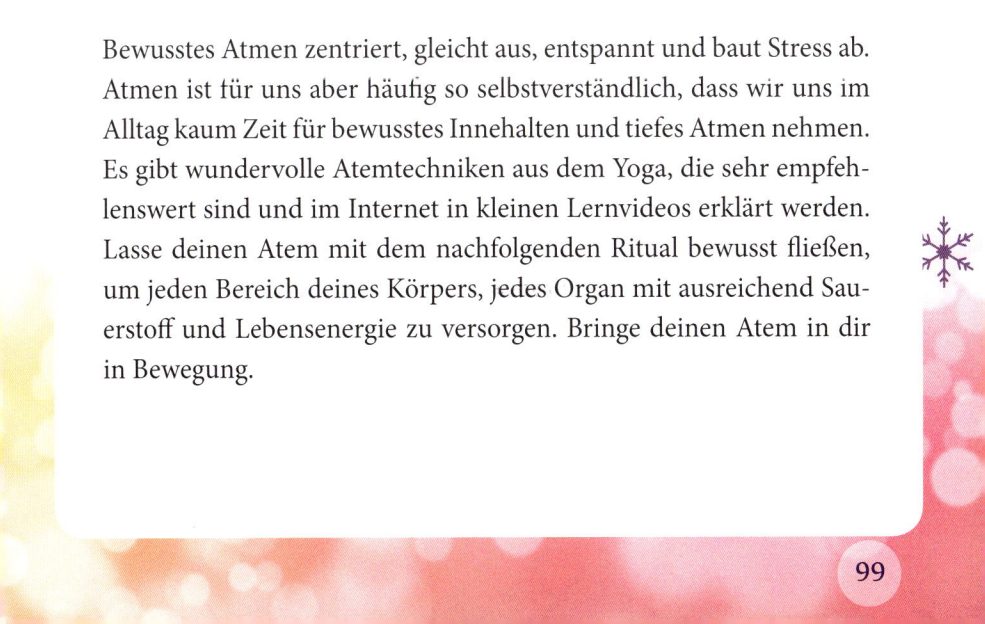

Spüre in dich hinein, frage deinen Körper, was er sich wünscht. Er wird dir deutliche Signale übermitteln. Notiere alle Impulse, die du verspürst.

Tagesimpulse

Um die Balance zu halten, musst du in Bewegung bleiben.

* Ziehe die sechste Orakelkarte.
* Komme in Bewegung, und gehe alles an, was noch erledigt werden soll.
* Gehe spazieren, laufe, tanze!
* Überlege: Was lässt dich geistig in Bewegung kommen?
* Engelmagie: Der Engel der Regeneration berührt dich, damit du dich von all deinen Anstrengungen erholen, deine Wege leichter begehen und deine Ziele schneller erreichen kannst.
* Engelräucherung für diesen Tag: Beifuß wirkt entspannend, wärmend und stärkt die Lebenskraft.

Bewusstes Atmen zentriert, gleicht aus, entspannt und baut Stress ab. Atmen ist für uns aber häufig so selbstverständlich, dass wir uns im Alltag kaum Zeit für bewusstes Innehalten und tiefes Atmen nehmen. Es gibt wundervolle Atemtechniken aus dem Yoga, die sehr empfehlenswert sind und im Internet in kleinen Lernvideos erklärt werden. Lasse deinen Atem mit dem nachfolgenden Ritual bewusst fließen, um jeden Bereich deines Körpers, jedes Organ mit ausreichend Sauerstoff und Lebensenergie zu versorgen. Bringe deinen Atem in dir in Bewegung.

RITUAL:
Kleine Rauhnacht-Atemübung

Für dieses Ritual benötigst du:

- Räucherzubehör wie Räuchergefäß, Räucherkohle, Räuchersand sowie Räucherwerk deiner Wahl

oder:

- 1 Essenz deiner Wahl

Komme an deinem Rauhnachtkraftplatz zur Ruhe, und entzünde dein Räucherwerk, oder versprühe deine Essenz. Stelle dir vor deinem geistigen Auge dein persönliches Jahresrad vor, und beginne im Monat Januar: Atme in den Monat hinein, und lasse in deiner Erinnerung alles, was emotional noch schwer wiegt, aufsteigen. Sammle diese Erinnerungen, und halte sie mit einem tiefen Atemzug in deinem Bauch fest, sodass sie sich bündeln können und du sie mit dem nächsten Ausatmen loslassen kannst. Nimm noch einmal einen tiefen Atemzug, und atme dich frei! Spüre, wie es in dir leichter und das zuvor negative Gefühl neutral wird. Fahre so Monat für Monat bis zum Jahresende im Dezember fort, und gehe anschließend gestärkt in den Tag.

Der Engel der sechsten Rauhnacht sagt dir:
»Spüre heute das Licht der Heilung und Regeneration.
Ich schenke dir mit meiner Anwesenheit neue Impulse.
Empfange meine Botschaften, und lasse allem seine Zeit und
seinen Lauf.«

Meditation:
Heilung für Körper, Geist und Seele

Atme tief ein und ganz langsam wieder aus.
Atme tief in deinen Bauch ein und langsam wieder aus.
Atme Entspannung ein und Anspannung aus!

Spüre bewusst jeden tiefen Atemzug, und fühle, wie du mit jedem weiteren Atemzug immer ruhiger und entspannter wirst. Atme noch einmal tief durch, und spüre, wie jetzt mit der Anwesenheit des Engels der Regeneration augenblicklich Stille und Klarheit deinen inneren Raum erfüllen.

Der Engel der Regeneration öffnet dir nun den Zugang zur Heiligen Quelle, zum Urlicht. Er hüllt dich dazu in eine saphirgrüne Lichtsäule ein und verbindet diese Lichtsäule mit der goldenen Sonne im Herzen der Erde sowie der Sonne im Herzen des Universums. Durch diese universelle Anbindung spürst du augenblicklich, wie dich eine Energiewelle erreicht und durchströmt. Dies fühlt sich unsagbar schön und vertraut an. Es ist die Energie deines Urlichts, die dich gerade wie Balsam durchströmt, so, wie es für deine Seele gerade gut und richtig ist. Sie klärt und stärkt dich mental, schenkt dir tiefe Ruhe und Gelassenheit.

Jede Regeneration und Heilung beginnt auf der Emotionalebene. Fühle, wo in deinem Körper und in deiner Seele es gera-

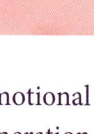

de emotional schmerzt, und zeige diese Stelle dem Engel der Regeneration. Der Engel badet dich augenblicklich in transformierendem Licht, wodurch eine Aufarbeitung des Gefühls, des Schmerzes, beginnt. Du brauchst nicht tief in das Gefühl hineinzugehen. Es genügt das innere Wissen, dass es da ist, du es wahrgenommen hast und sich die Situation, die das Gefühl ausgelöst hat, nun auf himmlische Art und Weise transformieren darf …

Der Engel spürt, dass es für dich sehr anstrengend war, dieses Gefühl zu halten. Es hat dich viel Kraft gekostet. Dein Körper ist an der Stelle, wo das Gefühl saß, noch ganz verspannt. Lenke deine Aufmerksamkeit dorthin, und sage den Muskeln dort, dass sie jetzt loslassen können. Spüre, wie die Schwere weicht und alles in dir ganz leicht und frei wird.

Der Engel der Regeneration will dir heute Heilung, Klärung sowie körperliche, seelische und emotionale Kraft schenken. Er wird dazu jetzt deine Hauptenergiezentren berühren und jegliche Blockaden in deinem Energie- und Körpersystem harmonisieren. Vertraue, und lasse dies einfach geschehen.

Der Engel steht jetzt hinter dir und berührt mit seinem heilenden Licht deinen unteren Rücken. Was spürst du in diesem Moment, in dem er dort die Energie fließen lässt? Wie geht es deinen Nerven an dieser Stelle? Vielleicht gibt es Risse, die versorgt und geheilt werden wollen, oder vielleicht sitzt ein Nervenstrang zu locker und wird neu gefestigt. Alles ist möglich, lasse geschehen, und spüre deine persönliche Regeneration.

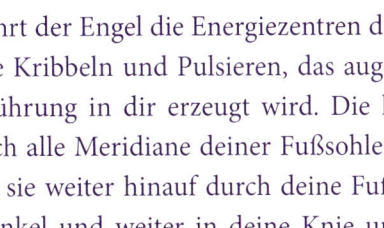

Nun berührt der Engel die Energiezentren deiner Füße. Spüre das leichte Kribbeln und Pulsieren, das augenblicklich durch seine Berührung in dir erzeugt wird. Die lichtvolle Energie fließt durch alle Meridiane deiner Fußsohlen. Sodann strömt und fließt sie weiter hinauf durch deine Fußgelenke in deine Unterschenkel und weiter in deine Knie und Oberschenkel. Das Licht strömt und löst jegliche Blockaden.

Auch korrigiert und verstärkt der Engel deine Erdung und Anbindung, wie oben, so unten – und umgekehrt. Spüre den Lichtstrahl, der dich mit Himmel und Erde verbindet. Spüre, wie fest und stabil er ist und wie er dich hält. Vertraue der Erde, wie du auch dem Himmel vertraust, das Licht fließt ganz von selbst, es braucht keinerlei Anstrengung dafür. Lasse dich vertrauensvoll vom Licht tragen.

Nun berührt der Engel mit seinem Licht deine Blase. Die Energie strömt augenblicklich durch alle unteren Chakras und löst alle Blockaden, Verspannungen und Anspannungen in den Organen. Vielleicht verspürst du ein Glucksen und Gluckern oder ein Ruckeln als Zeichen für die Harmonisierung, alles ist möglich und geschieht individuell für dich.

Nun lenkt der Engel der Regeneration das Licht der Heilung in deinen Darm. Vielleicht kommt dir das, was du jetzt wahrnimmst, sehr dunkel oder zäh vor. Das ist nicht ungewöhnlich. Der Engel reinigt und klärt deinen Darm vom Übergang des Magens bis hin zum Darmausgang. Sieh, wie sich alles klärt und freier wird, vielleicht hat dein Darm auch eine wichtige Botschaft für dich, die du jetzt wahrnimmst. Oder sie wird dir vom Engel der Regeneration übermittelt. Ein gesunder Darm

ist immens wichtig für dein Wohlbefinden und deine Gesundheit, lasse dir und seiner Regeneration Zeit, und achte auf die Zeichen und Bilder, die du erhältst. Frage gern, ob dein Darm etwas braucht oder du etwas für ihn tun kannst, und spüre seine Antwort.

Der Engel lenkt sein Licht weiter zu deinem Brustbein in der Mitte deines Brustkorbes. Die Energie strömt hier in und um dein Herz, und es zeigen sich dir alle zwischenmenschlichen Beziehungen in deinem Leben, die gerade besonderer Aufmerksamkeit bedürfen, ob in Familie, Freundschaft oder Partnerschaft. Gib den inneren Bildern Zeit und Raum, sich zu formen. Vielleicht bist du erstaunt, was oder wer sich dir jetzt zeigt. Das Licht der Heilung strömt unaufhörlich, und vielleicht siehst du die Dinge jetzt in einem neuen Licht, aus einer anderen Perspektive.

Das große Herzfeld schwingt und heilt. Alles in dir ist in Bewegung. Deine Anteile, weiblich, männlich und kindlich, werden ebenfalls harmonisiert und ausgeglichen. Du spürst deine Göttlichkeit und Ganzheit. Nichts ist mehr oder weniger wert, alles ist eins! Du bist eins mit dem großen Ganzen.

Der Engel berührt nun deinen Kehlkopf. In diesem Energiezentrum geht es um Sprache. Was spürst du bei seiner Berührung? Verschlägt es dir die Sprache? Spürst du einen Kloß im Hals? Fühlt sich dein Hals trocken und eng an? Ist dir allein die Vorstellung, am Hals berührt zu werden, unangenehm? Es beginnt nun augenblicklich eine Transformation deiner nicht ausgesprochenen Worte, die du schon lange hast sagen wollen, aber aus Selbstschutz oder, um andere nicht zu verletzen, zurückgehalten hast. Alle Themen, die damit einhergehen, zeigen und lösen sich im kraftvollen Strom der Heilung, der dir den Mut und die Zuversicht schenkt, zu dir und deiner Wahrheit zu stehen. Spüre, wie Heilung in deine Vergangenheit und Gegenwart fließt, du geheilt in die Zukunft gehst, mit neuem Selbstvertrauen sowie geistig und körperlich gestärkt.

Der Engel lenkt den harmonisierenden Heilstrom weiter auf dein Drittes Auge. Jetzt kann eine lichtvolle Öffnung hin zum Neuen für dich geschehen. Du erkennst, warum die Gefühle, die Krankheit oder die Situation in deinem Leben waren, und du weißt, dass du sie jetzt nicht mehr brauchst. Du hast vielleicht Schmerzvolles erfahren und erlebt. Doch du bist gewachsen, weit über deine Grenzen hinaus. Doch nun ist die Zeit, loszulassen und dem Engel der Heilung die Situation zu übergeben. Gib die Schwere einfach ab. Der Engel nimmt sie an sich, und du bist frei. So können weiterhin Regeneration und Heilung geschehen – in deinem Tempo, in deiner Zeit.

Dein Kopf wird immer freier und leichter und deine Gedanken immer positiver und schöner. Du wendest dich mit deinen Gedanken gen Himmel und öffnest dich für die Weite und Unbegrenztheit des Seins. Alles ist möglich, denke immer daran, glaube an dich und dein Heilsein.

Der Engel der Regeneration aktiviert jetzt mit einigen lichtvollen Berührungen deine Selbstheilungskräfte. Du erfährst eine Art Feuerwerk der Lichter in dir. Liebe in ihrer schönsten Form durchströmt und erinnert dich an das Licht, das du bist, und an die Möglichkeiten, die dir dadurch gegeben sind. Spüre hin, und spüre nach …

Spüre diese Woge der Kraft, die dich so liebevoll umfängt und trägt. Es ist der Engel der Regeneration, der dich mit seinen lichten Schwingen umfängt, um dir heute, und wann immer du ihn anrufst, Gesundheit, Licht und Liebe für deinen Körper und deine Seele zu senden. Heilung geschieht im Licht der Liebe, fühle dich über alle Maßen geliebt!

Kehre nun mit dem nächsten Atemzug wieder ganz in dein Bewusstsein, in deine Körpermitte zurück. Spüre nach, danke dem Engel der Regeneration für seine liebevolle Berührung und Unterstützung.

7. Rauhnacht

30./31. Dezember

Engel des Wandels
Monat: Juli

Heute, in der siebten und letzten Rauhnacht vor dem Jahreswechsel, tritt der Engel des Wandels an deine Seite. Er ist dein Begleiter vom alten in das neue Jahr, kündigt den Wandel und die Wende an. Widme dich noch einmal dem alten Jahr. Verabschiede es, halte noch ein letztes Mal Rückschau, bedanke dich, und dann begrüße das neue.

Alles unterliegt einem ewigen, unaufhörlichen Wandel, und in diesem Wandel liegt die große Chance, zu akzeptieren und anzunehmen, was ist. Der Wandel markiert den Übergang von einer Ebene in die nächste. Der Wandel kann wie ein frischer Wind der Erneuerung sein, uns aber auch ängstigen wie der Tod. Doch das Ende von etwas Altem, Vergangenem, bedeutet immer auch den Anfang von etwas Neuem. Vielleicht passt so manches einfach nicht mehr zu dir, und du erkennst, dass ein bestimmter Weg hier für dich endet.

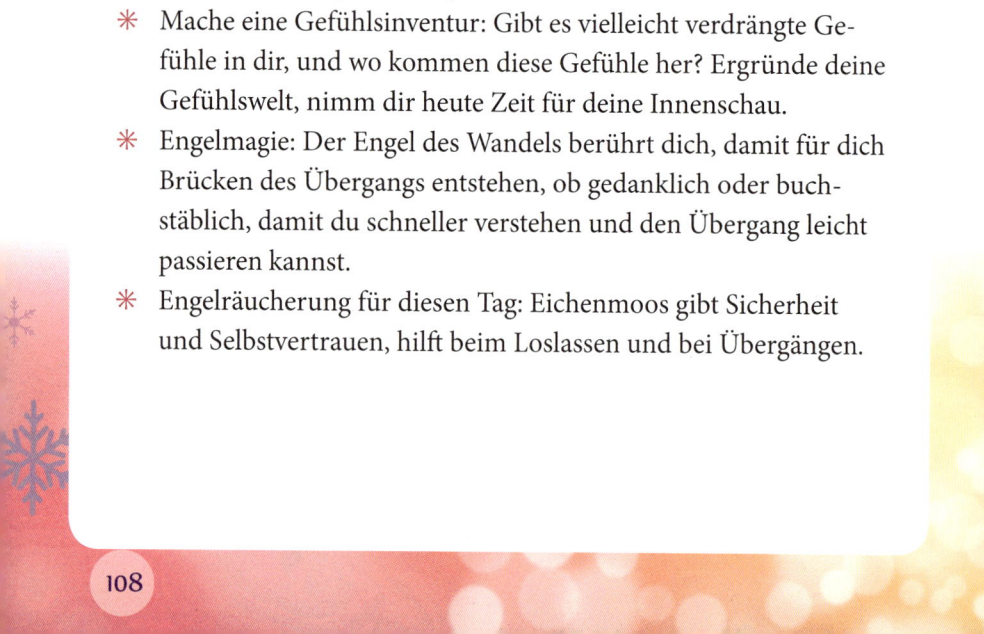

Spüre heute in dich hinein: Von was und wem möchtest du dich verabschieden? Was passt einfach nicht mehr zu dir und zu deinem Leben? Vielleicht sind es weltliche Dinge wie Möbel oder Kleidung. Vielleicht möchtest du dich von Energien lösen, von denen einfach alles beseelt ist, ein Teller, Erbstücke, Dinge, die du bisher von rechts nach links geschoben hast und die keinen rechten Platz in deinem Leben haben. Oder vielleicht gibt es Situationen und Menschen in deinem Umfeld, dein Arbeitsplatz oder Ähnliches, was nicht mehr zu dir passt.

Tagesimpulse

Sei du selbst der Wandel, den du dir für dein Leben wünschst.

* Ziehe die siebte Orakelkarte.
* Blicke auf die vergangenen sechs Tage zurück.
* Ergründe: Was in dir ist gerade im Wandel? Was vertagst du immer auf morgen oder später?
* Mache eine Gefühlsinventur: Gibt es vielleicht verdrängte Gefühle in dir, und wo kommen diese Gefühle her? Ergründe deine Gefühlswelt, nimm dir heute Zeit für deine Innenschau.
* Engelmagie: Der Engel des Wandels berührt dich, damit für dich Brücken des Übergangs entstehen, ob gedanklich oder buchstäblich, damit du schneller verstehen und den Übergang leicht passieren kannst.
* Engelräucherung für diesen Tag: Eichenmoos gibt Sicherheit und Selbstvertrauen, hilft beim Loslassen und bei Übergängen.

RITUAL:
Altes verabschieden

*Sich verabschieden heißt auch
eine neue Perspektive auf die Vergangenheit einnehmen und
auf das Neue, die Zukunft, vorbereitet sein.*

Für dieses Ritual benötigst du:
- Räucherzubehör wie Räuchergefäß, Räucherkohle, Räuchersand
- Räucherwerk deiner Wahl

TIPP: Du kannst dieses Ritual allein oder mit Freunden oder Familienmitgliedern begehen, ihr könnt dabei trommeln oder euch auf andere Weise gemeinsam verbinden, ganz so, wie es für euch stimmig ist.

Setze dich an einen ruhigen Ort oder an deinen Ritualplatz, schaffe dir ein behagliches Ambiente mit Kerzen, Musik und Co., und zünde dein Räucherwerk an. Fächere dir den Rauch sanft entgegen, atme ihn ein, und lasse das Jahr Revue passieren. Bitte den Engel des Wandels, dir nun einen neuen Blick auf deine Vergangenheit zu verleihen, und beobachte dabei, wie sich dir innerlich zeigt, was nicht mehr zu dir passt. Forme deine Hände zu einer Schale, und lasse den Gedanken an das, was du loslassen möchtest, in diese strömen, nimm den Gedanken in deine Hände auf. Bedanke dich bei der Erinnerung und auch bei der Situation, die du loslassen möchtest, für alles, was sie dir gezeigt und dich gelehrt haben, und puste sie sanft in den aufsteigenden Rauch. Lege immer wieder eine kleine Prise vom Räucherwerk nach, und übergib das, was dir nicht mehr dient, dem Rauhnachtsrauch. Wiederhole dies so lange, bis du dich deutlich befreit fühlst

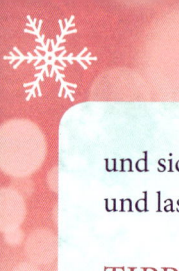

und sich dein Blick nach vorn richtet. Bedanke dich zum Abschluss, und lasse das Räucherwerk ausglimmen.

TIPP: Falls du noch nicht so viel Erfahrung im Umgang mit Räucherwerk hast, hier ein guter Ratschlag, den ich einst von einer sehr erfahrenen Räucherin erhalten habe: Die Räucherkohle sollte nach dem Anzünden ganz durchgeglimmt sein, das ist sie, wenn sie eine weiße oder graue Farbe angenommen hat. Erst dann lege das Räucherwerk auf. Aber Achtung: Hier trifft nicht zu: »Viel hilft viel.« Nimm stattdessen immer nur so viel, wie du mit zwei Fingern aufnehmen kannst. Sobald das Räucherwerk verräuchert ist, kannst du dieselbe Menge nachlegen.

Der Engel der siebten Rauhnacht sagt dir:
»Alles, was einmal beginnt, muss auch wieder enden,
um Platz für Neues zu schaffen.
Um einen Anfang zu feiern, segne das Ende.«

Meditation:
Ein Wagen mit leichtem Gepäck

Mache es dir bequem, atme tief durch, und rufe den Engel des Wandels an deine Seite. Spüre, wie sich seine liebevolle Präsenz zuerst neben dir und dann um dich herum ausbreitet, dich einhüllt und dir augenblicklich einen Weg vor deinem inneren Auge offenbart. Auf diesem Weg steht eine Art großer Planwagen, dieser ist übervoll mit Menschen deines Umfeldes und deiner Vergangenheit sowie mit Gegenständen und Dingen, von denen du denkst, dass du sie unbedingt brauchst. Der Wagen biegt sich förmlich unter all deinem Hab und Gut. Was für ein schweres Gepäck! Niemand anderes als du steht Tag für Tag vor dem Wagen und zieht diesen hinter sich her.

Der Engel bietet dir einen Rückblick auf das vergangene Jahr. Spüre hin, welche Dinge und Personen dir wirklich wichtig sind und welche du weiterhin auf deinem Lebenswagen mit dir nehmen möchtest. Das heißt nicht, dass alle anderen Menschen augenblicklich aus deinem Leben verschwinden. Lediglich die Form eurer Verbundenheit darf sich ändern. Vielleicht gehen sie oder befinden sie sich in Zukunft neben dir auf deinem Weg, statt von dir gezogen zu werden.

Die Entscheidung, was du weiterhin trägst, wird dich so viel leichter machen und dein ganzes Leben wandeln. Sei nun also ganz ehrlich zu dir selbst, und bitte die Menschen und Din-

ge, die dich beschweren, von deinem Wagen hinunter. Wenn sie nicht gleich gehen möchten, nimm sie einfach liebevoll hinunter, und behalte sie lediglich als Bilder in deiner Erinnerung zurück, die sich viel leichter tragen lassen als die Sache oder der Mensch selbst. Lasse dir für all das ausreichend Zeit, und finde für alles einen neuen Platz in deinem Herzen und in deinem Leben.

Sieh, wie dein Wagen, während du alles umstellst, immer leichter wird und wie sich nur noch wenige Dinge und Menschen, die dir gerade wirklich guttun, darauf befinden. Mit neuer Leichtigkeit kannst du nun den Wagen weiter entlang deines Lebensweges ziehen, hinein in das neue Jahr, in deine neue Zeit.

Bedanke dich bei diesem Jahr, bei allen Menschen und Situationen für das, was sie dir gezeigt und dich gelehrt haben, und gehe nun mit leichtem Gepäck weiter deines Weges – auf zu neuen Abenteuern, die in deiner Zukunft schon auf dich warten.

Kehre mit dem nächsten Atemzug aus dieser geistigen Sequenz zurück, und bedanke dich beim Engel des Wandels für alles, was er dir gerade gezeigt hat. Schließe auf diese Weise heute mit dem vergangenen Jahr ab.

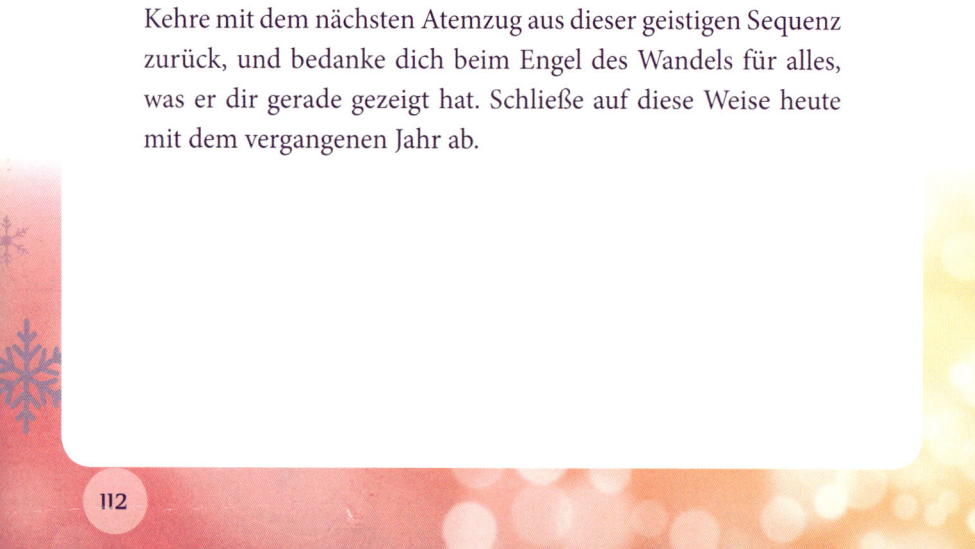

8.
Rauhnacht

❄ **31. Dezember/1. Januar**

Engel des Glücks
Monat: August

Heute, im Übergang vom alten zum neuen Jahr, empfange den Engel des Glücks als wundervollen Begleiter. In diesen magischen Stunden der achten Rauhnacht kannst du spüren, wie die Glücksfunken seiner Energie neben dir und um dich herum tanzen und dich in das neue Jahr begleiten. Glück ist ein Bewusstseinszustand, ein Gefühl im Herzen, das sich als Freude, Wärme und Leichtigkeit zeigt. Das Glück ist überaus beliebt, jeder hätte gern ein Fünkchen von ihm. Glück zu empfinden, sollte nicht dein Ziel, sondern deine Lebenseinstellung sein.

Im Alltag gibt es viele solcher Glücksmomente, die sich vermehren, wenn du sie bewusst wahrnimmst, wie den Tag in Muße zu verleben, erst aufzustehen, wenn der Körper ausgeschlafen ist, und den Tag ohne Zeitdruck zu begehen, das macht die Seele einfach frei und glücklich. Natürlich ist es auch ein großes Glück, wenn wir gesund sind und bleiben. Oft lernen wir dieses Glück erst dann wirklich schätzen, wenn wir krank sind. So wünsche ich dir von Herzen für das neue Jahr das Glück der Gesundheit von Körper, Geist und Seele. Möge das Bewusstsein des Glücks dein ständiger Lebensbegleiter und dein neues Jahr von vielen Glücksmomenten erfüllt sein.

Tagesimpulse

Glück ist der optimale Zustand deiner Seele.

❋ Ziehe die achte Orakelkarte.

❋ Reflektiere für dich: Was macht dich glücklich, worüber bist du glücklich? Welches Glück möchtest du noch erfahren? Wie glücklich ist deine Seele?

❋ Lade das Glück ein, indem du es verschenkst. Sende heute Segens- und Glückwünsche an alle deine Lieben.

❋ Engelmagie: Der Engel des Glücks berührt dich, damit du dein Glück erkennst und dir alles, was du dir vornimmst, gelingen möge.

❋ Engelräucherung für diesen Tag: Mit Palo Santo darf das Herz leicht werden.

RITUAL:
Einen Brief an das neue Jahr schreiben

Für dieses Ritual benötigst du:

- 1 Stift
- Papier
- 1 Briefumschlag
- Unterstützung eines guten Freundes oder Familienangehörigen

TIPP: Dieses Ritual ist ein wundervolles Freund*innen-Ritual. Du kannst es mit einer weiteren oder mehreren Personen durchführen.

Hast du deinem zukünftigen Ich schon einmal einen Brief geschrieben? Das ist ein wundervolles Ritual, und ich kann es dir nur von Herzen empfehlen. Ich bin mir sicher, deine Freude wird groß sein, wenn du in ein paar Monaten Post von dir selbst erhältst.

Dazu tue dich mit einem Freund oder einer Freundin zusammen, der oder die das ebenso spannend findet. Wenn du das Ritual allein durchführst, bitte jemanden aus deinem Bekanntenkreis um Mithilfe.

Nimm dir einen ruhigen Moment der Muße, und schreibe einen Brief an das neue Jahr, das nur darauf wartet, mit dir zusammen deinen Wünschen und Zielen entgegenzugehen und mit dir Abenteuer zu erleben. In diesem Jahr wird es gute wie traurige Tage geben und sicherlich auch viele Glücksmomente.

Erzähle deinem neuen Jahr in diesem Brief wie einem guten Freund von all den wundervollen Erlebnissen, die ihr zusammen hattet. Be-

richte, wie es sich für dich angefühlt hat, als deine größten Wünsche in Erfüllung gegangen sind. Beschreibe die schönste Version deiner Zukunft. Dann stecke deinen Brief in einen Umschlag, und adressiere ihn an dich selbst. Nun gib ihn der ausgewählten Person, und bitte sie, dir den Brief im kommenden Dezember, kurz vor Beginn der nächsten Rauhnächte, zuzusenden – und, wenn ihr das Ritual gemeinsam macht, natürlich auch umgekehrt.

Du wirst große Freude verspüren, wenn der Brief an deine Zukunft dann in deinem Briefkasten liegt und du genau schauen kannst, was deine Wünsche und Vorstellungen waren und wie sie sich für dich umgesetzt oder vielleicht auch gewandelt haben.

Ich wünsche dir viel Freude dabei.

Der Engel der achten Rauhnacht sagt dir:
»Das Blatt wird sich zu deinen Gunsten wenden. Ich sende dir das
Glück auf deinem Weg voraus.«

Glück ist auch, etwas Wundervolles geschenkt zu bekommen. Der Engel des Glücks möchte dir mit der folgenden Meditation einen ganz besonderen Glücksmoment schenken und dich in ein von Glück erfülltes neues Jahr begleiten.

Meditation:
Das Feuerwerk des Glücks

Mache es dir bequem, und nimm dir einen Moment Zeit. Spüre, wie du in diesem Moment grundlos beginnst, zu lächeln. Merke, wie sich deine Mundwinkel immer weiter nach oben ziehen und sich eine himmlisch schöne Energie neben dir und um dich herum ausbreitet, dich einhüllt und du dich gerade einfach glücklich fühlst.

Das ist der Engel des Glücks, der gerade deinen Raum und dein ganzes Sein erfüllt und dich mit seiner Anwesenheit spüren lässt, wie schön sich himmlisches Glück anfühlen kann.

Der Engel des Glücks möchte dir zum aktuellen Jahreswechsel mit seiner Berührung etwas ganz Besonderes schenken, ein Feuerwerk der Emotionen, das dich erfüllt und stärkt, wie du es noch nie zuvor gespürt hast. Er versetzt dich dafür in den Zustand größtmöglicher Freude, damit du dein neues Jahr angefüllt mit enorm viel positiver Energie beginnen kannst. Diese Energie bringt dich in deine Kraft, ins Handeln und Tun, sie schenkt dir Zuversicht und Hoffnung im Hinblick auf das, was vor dir liegt.

Sieh vor deinem inneren Auge, wie nun eine Brücke vor dir erscheint. Diese Brücke führt dich vom Alten in das Neue. Gehe in Begleitung des Engels über diese Brücke, und bleibe mit ihm

in der Mitte stehen. Sieh noch einmal zurück, und bedanke dich beim vergangenen Jahr für alles, was es dir gezeigt, dich gelehrt und dir gegeben hat. Wenn du möchtest, halte dazu deine Handinnenflächen zum Segensgruß aneinander, und verneige dich vor dem, was war. Segne das Vergangene, damit das Neue unter einem guten Stern erstrahlen kann. Dann blicke noch einmal nach rechts und nach links, vielleicht gibt es hier noch etwas zu entdecken, etwas mitzunehmen, was sich dir zeigt. Etwas, was für dich noch nicht abgeschlossen ist und was dir das vergangene Jahr nun wie ein guter Freund in das neue Jahr mitgibt, damit du weiter daran arbeiten, daran wachsen kannst.

Dann blicke zum Himmel. Spüre, wie der Engel des Glücks hinter dir steht und dich mit seinen Lichtschwingen umfängt. Augenblicklich entlädt sich ein Feuerwerk der Farben und des Lichts über dir, und die Lichtfunken sinken tänzelnd und langsam zu dir herunter, berühren und erfüllen dich. Es ist wie ein Feuerwerk der Gefühle, das nun zeitgleich in dir entfacht wird und in deinem Herzen ein unsagbares Glücksgefühl erzeugt. Spüre das Glück in deiner Seele. Genieße es, lasse dich durchströmen vom Licht dieses Glücks, lasse dich damit an- und auffüllen, und spüre, wie du auf emotionaler Ebene von Sekunde zu Sekunde immer stärker wirst. Das Glück durchströmt dich und dein Lebensfeld und fließt nun auch über die Brücke in dein neues Jahr voraus. Öffne deine Arme, und folge dem Licht über die Brücke hinein in deine wundervolle Zukunft.

Heiße das neue Jahr willkommen, und segne alles, was vor dir liegt. Begrüße die Zukunft so, wie es für dich jetzt gerade schön und richtig ist. Willkommen im neuen Jahr!

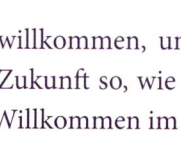

Der Engel des Glücks wünscht dir ein gesegnetes neues Jahr und wird dich hier und da immer wieder wie ein lieber Freund mit seiner Anwesenheit überraschen.

Atme nun einmal tief durch, atme in das neue Jahr hinein, und spüre, wie du ganz in deinem Körper, in der neuen Zeit, im neuen Jahr ankommst.

TIPP: Wenn du möchtest und einen ruhigen Silvesterabend verbringst, so kannst du mit dieser Meditation auch einen wundervollen Jahreswechsel begehen.

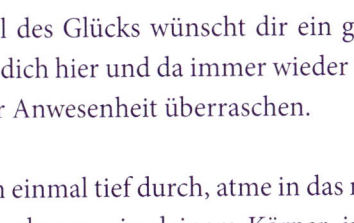

9.

Rauhnacht

1./2. Januar

**Engel des Neubeginns
Monat: September**

Willkommen zur neunten Rauhnacht, der ersten Nacht des neuen Jahres. Öffne heute dein Herz für den Engel des Neubeginns sowie für das neue Jahr und all die wundervollen Möglichkeiten, die es für dich bereithält. Sich für die besten Möglichkeiten zu öffnen, zieht dieselben wie magisch an. Magie ist keine Zauberei, sondern der bewusste Umgang mit Energie. Magie lässt dich erahnen, was das Universum alles möglich machen kann. Lenke heute deine Gedanken und Energien auf den Weg, der vor dir liegt, und gehe bewusst den ersten Schritt in Begleitung des Engels des Neubeginns.

Um mehr Magie in dein Leben zu bringen, braucht es gebündelte Energie. Diese kannst du aus verschiedenen Kraftquellen ziehen, in dir sammeln und bewusst in all deine Lebensbereiche lenken. Sehr effektive Möglichkeiten, dies zu tun, sind Meditations- und Mentaltechniken, aber auch verschiedene Bewegungsformen. Vielleicht wolltest du schon immer einmal einen Yoga- oder Qigong-Kurs machen. Dann nimm diesen Impuls als Anlass, dein neues Jahr damit zu beginnen. Ob in Präsenz-Kursen oder auch von zu Hause aus, es geht darum, Kraftquellen zu finden, die dir im Alltag helfen, neue Energie zu schöpfen, wenn du ihrer allgemein oder für einen speziellen Lebensbereich bedarfst. Auch sind diese Techniken in der Lage, deine Urkraft zu wecken und dein verborgenes Potenzial freizusetzen.

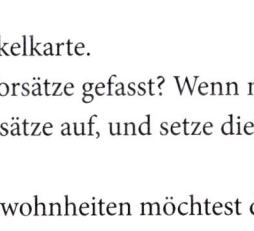

Sammle heute Ideen: Welche Technik entspricht dir und würde dich bei all den täglichen Herausforderungen des Lebens unterstützen und deinem Körper, deinem Geist und deiner Seele guttun?

Ich wünsche dir einen wundervollen Start ins neue Jahr. Möge es viele magische Momente für dich bereithalten.

Tagesimpulse

Jeder Anfang beginnt mit dem ersten Schritt.

* ✳ Ziehe die neunte Orakelkarte.
* ✳ Hast du schon gute Vorsätze gefasst? Wenn nicht, schreibe dir zwei bis drei gute Vorsätze auf, und setze diese in den nächsten Wochen um.
* ✳ An welchen guten Gewohnheiten möchtest du festhalten?
* ✳ Mache erste Termine fürs neue Jahr, notiere in deinem Jahreskalender z. B. Geburtstage, Konzerte, Urlaub usw., und schaffe dir auf diese Weise jetzt schon schöne Zukunftsmomente.
* ✳ Engelmagie: Der Engel des Neubeginns berührt dich, damit du dich und dein Herz weit für das Neue öffnest und dieses somit voller Leichtigkeit in dein Leben kommen kann.
* ✳ Engelräucherung für diesen Tag: Lorbeer gilt als Orakelkraut und unterstützt dabei, sich besser an Träume zu erinnern.

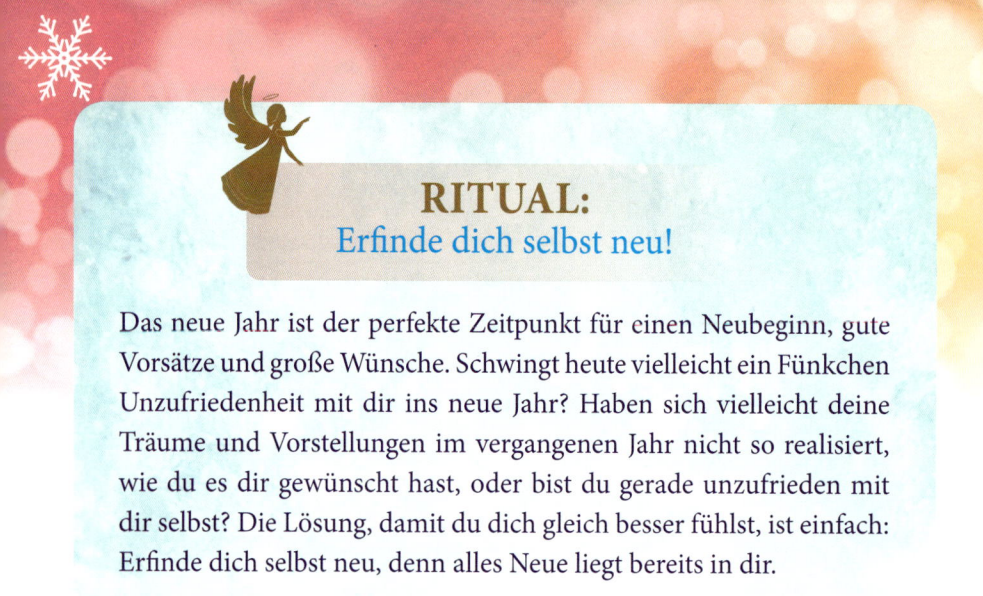

RITUAL:
Erfinde dich selbst neu!

Das neue Jahr ist der perfekte Zeitpunkt für einen Neubeginn, gute Vorsätze und große Wünsche. Schwingt heute vielleicht ein Fünkchen Unzufriedenheit mit dir ins neue Jahr? Haben sich vielleicht deine Träume und Vorstellungen im vergangenen Jahr nicht so realisiert, wie du es dir gewünscht hast, oder bist du gerade unzufrieden mit dir selbst? Die Lösung, damit du dich gleich besser fühlst, ist einfach: Erfinde dich selbst neu, denn alles Neue liegt bereits in dir.

Was möchtest du im neuen Jahr gern an dir und in deinem Leben verändern? Welche Resultate erhoffst du dir davon? Bedenke: Was du an dir selbst änderst, verändert auch dein Umfeld und die ganze Welt. Bestimme, wie es im nächsten Kapitel deines Lebensbuches weitergeht, und erdenke dich als die wundervolle Frau/der wundervolle Mann, die/der du in deinem Inneren ja schon bist. Jetzt ist es an der Zeit, die Hauptrolle in deinem Leben einzunehmen, schreibe dein Leben entsprechend neu oder um. Beziehe alle Lebensbereiche mit ein, wenn du möchtest, oder suche dir eine spezielle Lebenssituation aus, in der du neu anfangen und neu in Erscheinung treten möchtest.

Im nächsten Jahr zu Neujahr wird sicher ein besseres Gefühl in dir schwingen, so wundervoll, wie du diese Rauhnächte mit den Engeln begehst und den Weg für dich selbst bereitest.

Der Engel der neunten Rauhnacht sagt dir:
»Höre auf dein Herz, und sieh dabei dich selbst und die Welt.
Das Leben steckt voller Möglichkeiten.«

Teste mit der folgenden Meditation deine ureigene Magie aus: Bündle und lenke deine Energie, und sende mit dem Engel des Neubeginns das Licht auf deinem Weg voraus, um viele magische Momente in deinem Leben zu kreieren. Möge dir der Engel dein Wegweiser in das Neue, vor dir Liegende und vielleicht noch Verborgene sein.

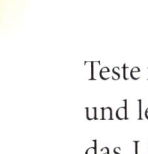

Meditation:
Neujahrsbegrüßung

Stelle dich hin, deine Füße stehen hüftbreit auseinander. Atme tief ein und aus, und öffne mit diesem bewussten Atemzug und einem guten Gedanken dein Herz für das neue Jahr.

Begrüße das neue Jahr, indem du deine Hände wie zum Beten aneinanderhältst und dich nacheinander im Uhrzeigersinn in alle Himmelsrichtungen verbeugst. Beginne im Norden.

Stelle dich anschließend wieder in die Anfangsposition mit Blick in Richtung Norden, beuge dann den Oberkörper nach vorn (du kannst auch in die Knie gehen), und berühre mit beiden Händen den Boden, die Erde unter dir. Nun öffne dich langsam von der Erde bis zum Himmel wie eine erblühende Blume, indem du dich aufrichtest und deine Hände von unten nach oben führst und sie gen Himmel öffnest. Anschließend führe deine Arme und Hände mit einer großen Kreisbewegung weiter zu deiner Körpermitte, wo du deine Hände wie eine geöffnete, empfangende Schale zusammenführst.

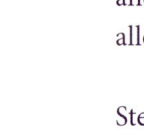

Nun umfängt dich der Engel des Neubeginns. Spüre augenblicklich die Kraft, die in deinem Neubeginn liegt und die dir der Engel jetzt überträgt. Empfange sein Licht als gebündelte Energie in deinen Händen, und spüre, wie dieses Licht sofort alle deine Energiefelder harmonisiert, Blockaden löst und den Energiefluss in dir aktiviert.

Alle Angaben werden vertraulich behandelt.
* Der Newsletter kann jederzeit abbestellt werden.

Name/Vorname: _____

Straße: _____

PLZ, Ort: _____

Telefon: _____

E-Mail: _____

Geburtsdatum: _____

Bitte senden Sie mir:

☐ weitere Informationen aus dem Schirner Verlag
☐ den Schirner Newsletter (nur als E-Mail*)
☐ das SPIRIT live & Schirner Magazin

Diese Karte entnahm ich dem Buch: _____

Würden Sie dieses Buch weiterempfehlen? _____

Vielen Dank!

Antwort

Schirner Verlag
Birkenweg 14a
D-64295 Darmstadt

Du fühlst in diesem Moment deine bewusste Anbindung an die Quelle und die höchstmögliche Kraft des Lichts in dir. Bündle diese lichte Energie in dir, und wandle sie in all die Magie um, die du dir für dein Leben wünschst.

Nun sende deine gebündelte Kraft, die du ganz intensiv in deinen Händen spürst, auf deinem Weg voraus. Richte deine Handinnenflächen dazu nach vorne, und lasse das Licht einfach strömen. Du kannst sicher sein, dass die Energie dort ankommt, wo du sie jetzt mit deinen Gedanken hinlenkst. Lasse dir Zeit, dir steht genügend Energie zur Verfügung. Sende das Licht auf deinem Weg voraus!

Im Anschluss verbeuge dich zum Dank vor dem Engel und auch vor dir selbst. Danke dir für alles, was du für dich und die Weiterentwicklung deines Seins tust.

Kehre mit dem nächsten Atemzug wieder ganz zu dir, in deine Körpermitte, zurück.

10.
Rauhnacht

2./3. Januar

Engel der Liebe
Monat: Oktober

Öffne dich für die Liebe …

Heute, in der zehnten Rauhnacht, steht mit dem Engel der Liebe quasi die Liebe vor deiner Tür. Also öffne alle Herzenstüren, und lade die Liebe ein, denn heute ist ♥ love in the air ♥ …

Wenn dein Himmel nicht schon voller Geigen hängt, hast du mit der liebevollen und herzöffnenden Energie des Engels der Liebe wundervolle Möglichkeiten, dich für neue Dinge zu begeistern, dich an Altbewährtes oder vielleicht auch schon fast Vergessenes zu erinnern und dich wieder neu daran zu erfreuen oder dich sogar neu zu verlieben.

Wenn du darum bittest, bringt der Engel der Liebe frische, liebevolle Impulse in deine bestehende Partnerschaft, und ihr erkennt erneut, warum ihr euch ineinander verliebt habt, und lasst den Zauber des Anfangs wieder erwachen. Der Engel der Liebe begleitet dich dabei, die Liebe in allem neu zu entdecken. Die Engel wissen, dass für uns

Menschen mit der Liebe alles steht und fällt, und so spüre heute deine ganz besondere Verbundenheit zum Engel der Liebe, der dich in seine Schwingung einhüllt und, wenn du es wünschst, auf wundervolle Art und Weise heute dein Herz heilt. Gleich, wie viele Verletzungen und wie viel Schwere dein Herz trägt, durch die Berührung mit dem Liebeslicht des Engels kann Heilung geschehen. Alles ist möglich, wenn du dich mit dem Feld der Liebe verbindest. Liebe ist die größte Heilkraft im gesamten Universum. Ihre Wege sind unergründlich. Glaube an die Liebe und die Wunder, die sie hervorbringt.

Tagesimpulse

Liebe versetzt Berge.

* Ziehe die zehnte Orakelkarte.
* Reflektiere: In welchem Lebensbereich wünschst du dir mehr Liebe? Gibt es verletzte Gefühle in dir?
* Zeige den Menschen, die du liebst, heute auf besondere Weise deine Liebe.
* Verräuchere Rose, Jasmin, Patchouli, Vanille oder Iris, um die Liebe einzuladen.
* Engelmagie: Der Engel der Liebe berührt dich, damit du durch die Harmonie der Liebe dein Leben in einem neuen Licht sehen kannst.
* Engelräucherung für diesen Tag: Styrax ist Balsam für deine Seele.

RITUAL:
Ein Licht für die Liebe
entzünden

Für dieses Ritual benötigst du:

- 1 Kerze für die Liebe (z. B. in der Farbe Rot oder Rosa; du kannst sie auch beschriften oder im Namen der Liebe segnen, indem du die Kerze an dein Herz hältst und sagst: »Ich segne dich im Namen der Liebe für die Liebe.«)
- Feuerzeug/Streichhölzer
- 1 duftende Blume, die die Liebe symbolisiert (z. B. Rose)

Entzünde heute ein Licht für die Liebe. Ehre dieses Licht mit einer Blume deiner Wahl. Spüre das wärmende Licht der Kerze, und nimm den Duft der Blume tief in dich auf. Fühle, wie sich beides wie Balsam um dein Herz legt und es heilend und liebend durchströmt. Spüre, wie die Liebe sich in dir ausdehnt, weit über dein Herzfeld hinaus, und sich jetzt dein Herz wie eine erblühende Blume öffnet. Stelle die Kerze und die Blume an einen schönen Ort in deiner Nähe, das heilige Licht und der zarte Duft segnen und heilen dich und führen dich auf deinem Weg der Liebe in dein Glück.

Der Engel der zehnten Rauhnacht sagt dir:
»Vergiss bitte nie, zu träumen. Erträume dir mit all deiner Liebe
das schönste Leben, und glaube ganz fest daran,
dass die Liebe alle Schwierigkeiten überwinden kann.«

Eines der schönsten Gefühle, das ich je erleben durfte, schenkte mir der Engel der Liebe durch eine Lichtdusche aus Liebesenergie. Ich kann mich noch genau an den Moment erinnern, in dem ich sie zum ersten Mal erfahren durfte, und möchte dir die folgende kleine Meditation von Herzen empfehlen. Ich hoffe, dass dir etwas ebenso Himmlisches mit dem Engel der Liebe widerfährt.

Meditation:
Füllhorn der Liebe

Mache dir schöne Musik an, die dich entspannt. Und schaffe dir ein angenehmes Ambiente, das mögen die Engel gern und zieht sie ebenso an wie Musik.

Setze oder lege dich ganz entspannt hin, atme tief durch, und lausche den Klängen der Musik. Dann rufe den Engel der Liebe, lade ihn ein, dir so nah wie möglich zu kommen, und bitte ihn, deine Aura mit seinem Liebeslicht zu berühren, zu streicheln, sie zu durchströmen.

Genieße diese Berührung einen Moment, und bitte den Engel der Liebe dann, über dir ein Füllhorn der Liebe auszugießen, sodass Liebe in ihrer schönsten Form jetzt wie ein warmer Sommerregen sanft auf dich herunterrieselt, dich durchströmt und durchdringt und dich tief in deinem Herzen, in deiner Seele berührt.

Lasse dich vom heilenden Licht der Liebe berühren, genieße dieses so besondere Gefühl, und lasse es so lange in dir schwingen und nachklingen, wie es dir möglich ist.

Danke dem Engel für seine Liebe.

TIPP: Du kannst an dieser Stelle mit dem nächsten Atemzug wieder in deinen Raum zurückkehren oder die Meditation noch weiterführen. Wenn du lieber noch in Ruhe in der Liebesenergie des Engels verweilen möchtest, kannst du diese Ergänzung auch als separate kurze Meditation an einem anderen Tag ausprobieren.

Der Engel der Liebe umhüllt und berührt jetzt dein Herz mit all seiner Liebe, damit du dich fühlen und vielleicht sogar das Gefühl für dich selbst, das du vor einiger Zeit verloren hast, wieder zurückrufen kannst. Manchmal kommen verdrängte Gefühle durch verschiedene Situationen wieder an die Oberfläche. Unbewusst lösen andere Menschen durch ihr Verhalten oder durch das, was sie zu uns sagen, diese Gefühle in uns aus: Angst, Trauer, Wut, Einsamkeit oder das Sich-verlassen- oder -hintergangen-Fühlen, vielleicht auch Eifersucht oder Neid. Der Engel hilft dir, diese Gefühle zu verstehen und damit umzugehen. All die unangenehmen Gefühle des Alltags oder aus vergangener Zeit transformiert er in seinem Liebeslicht, damit du dich wieder vertrauensvoll dir selbst und/oder anderen gegenüber öffnen kannst.

Liebe dich selbst, blicke liebevoll auf dein Sein, und vertraue deinem Herzen.

Kehre mit dem nächsten Atemzug wieder ganz zu dir, in deine Körpermitte, zurück.

11.
Rauhnacht

3./4. Januar

Engel des Friedens
Monat: November

Heute, in der elften Rauhnacht, wirst du in himmlischen Frieden gehüllt. Der Engel des Friedens ist der größte Engel, den ich je wahrgenommen habe, sein Wirken kann wahrlich alles augenblicklich wandeln.

Ist dir schon einmal aufgefallen, dass in dem Wort »Frieden« das Wort »Eden« enthalten ist? Im aus der Bibel bekannten Garten Eden herrschte der paradiesische Urzustand des liebevollen und wertschätzenden Miteinanders. Und so ist auch der Engel des Friedens ständig bemüht, eines der höchsten Ziele unserer Seele zu ermöglichen: Frieden in uns, mit der Welt und unseren Mitmenschen und besonders der Familie. Lasse dir dazu in der heutigen Rauhnacht vom Engel des Friedens die Harmonie schenken, die dir hilft, alles, was sich derzeit noch im Unfrieden in dir und deinem Umfeld befindet, in eine friedlichere Atmosphäre einzuschwingen. Nutze dazu auch die Kraft deiner Spirits, deiner Ahninnen und Ahnen, indem du auch mit ihnen und der Vergangenheit Frieden schließt.

Das Schönste, was dir der Engel des Friedens heute mit in dein Jahr geben kann, ist, wertfrei zu sein und zu leben. Dies wird dir großen Frieden schenken. Nimm jedes Wesen so an, wie es ist, und bringe die Harmonie, die du dir wünschst, in deine Familie, damit ein liebevolles Miteinander entstehen kann. Es ist jetzt Zeit, um zu verzeihen, zu heilen und in Frieden zu verweilen. Stimme dich auf eine friedvolle Zeit in Zuversicht und Heiterkeit ein.

Tagesimpulse

Friede auf Erden und allen Menschen ein Wohlgefallen …

✳ Ziehe die elfte Orakelkarte.
✳ Schließe heute Frieden mit allem und jedem. Bringe besonders Harmonie in deine Familie.
✳ Tue heute nur, was Frieden, Liebe und Heilung bringt.
✳ Zünde ein Segenslicht an als Zeichen des Friedens.
✳ Engelmagie: Der Engel des Friedens berührt dich mit seinem himmlischen Frieden, der dir Vertrauen, Hoffnung und Vorfreude auf deine Zukunft bringt.
✳ Engelräucherung für diesen Tag: Sandelholz schenkt eine Atmosphäre der Ruhe und des Friedens.

RITUAL: Friedenstaube

Spüre in dich hinein. In welchem Lebensbereich und mit welchem Menschen im Diesseits oder Jenseits möchtest du gern Frieden schließen, dich versöhnen, bei wem möchtest du dich entschuldigen? Rufe den Engel des Friedens, und bitte ihn, als Mittler zwischen euch zu fungieren.

Der Engel bittet dich, den Gedanken an die Person, mit der du dir mehr oder generell Frieden und/oder Versöhnung wünschst, aus deinem Geist in dein Herz zu senden. Halte den Gedanken einen Moment in deinem Herzensraum, und erfülle ihn mit all deiner Liebe. Jetzt bittet dich der Engel, deine Hände vor dir wie zu einem kleinen Nest zu formen. Er übergibt dir eine weiße Friedenstaube, die ganz ruhig und entspannt in deinen Händen liegt. Lasse den Gedanken, deinen Friedenswunsch, aus deinem Herzen in deine Hände fließen, und übergib ihn der Taube mit den Worten: »Ich übergebe dir mit tiefer Herzensabsicht diesen Friedenswunsch für … (Name der Person), bitte überbringe ihn ihr/ihm im Namen des Friedens und mit all meiner Liebe. Danke von Herzen.«

Lasse die Taube mit einer öffnenden Handbewegung fliegen und die Botschaft des Friedens für dich überbringen. Vertraue darauf, dass sich vielleicht nicht sofort, aber ganz in seiner Zeit die Situation zum Besseren wandeln wird. Halte immer wieder diesen einen Gedanken im Herzen, und bleibe positiv. Du hast den Impuls des Friedens gesandt und kannst dir zur Verstärkung deines Friedenswunsches die folgende Affirmation immer wieder vorsagen: »Ich stimme mich auf eine neue Zeit in Frieden, Zuversicht und Heiterkeit ein, es ist Zeit, um zu heilen und in Frieden zu sein.«

Der Engel der elften Rauhnacht sagt dir:
»Deine Einstellung ist alles! Frieden findest du
durch die richtige innere Haltung.
Mit ihr kannst du augenblicklich dein Leben so wandeln,
wie du es dir schon immer gewünscht hast.«

Die Präsenz des Friedensengels zu erleben, ist, als würde man den Duft des Friedens tief einatmen. Der Engel schenkt dir mit seiner Berührung und Anwesenheit innere Ruhe und Ausgeglichenheit, aber er berührt auch alle Menschen, die gerade in deiner Nähe oder ebenso von der Situation betroffen sind, damit sich alles wieder in Frieden ausrichten kann. Bitte ihn um Unterstützung, wann immer du seine Friedensenergie brauchst.

Meditation:
Tempel des himmlischen Friedens

Nimm dir Zeit. Mache es dir bequem.

Dir öffnet sich heute das Tor in die Ebene des himmlischen Friedens. Der Engel des Friedens kommt immer zum richtigen Zeitpunkt zu dir und heute in Begleitung deiner lichtvollen Ahninnen und Ahnen, deiner Spirits wie den Drachen und Einhörnern und vielen mehr sowie deiner Geistführer. Sie alle möchten dir dabei helfen, den alten Weg mit dem neuen zu vereinen. Sie alle sind deine innere Stimme, deine Eingebungen und Inspirationen, deine himmlische Führung auf deinem Herzensweg.

Die Einhörner des Friedens erfüllen jetzt mit ihrer Energie den Raum und verbinden sich mit dir. Werde ganz ruhig, und begib dich in das Reich des Friedens, auf die Ebene, wo der Friedensengel, die Einhörner und all deine Spirits im Namen des himmlischen Friedens wirken. Lasse alles um dich herum los, und öffne deinen geistigen Kanal jetzt bewusst in Liebe für den Frieden. Atme Frieden ein und alle Disharmonie in dir aus. Atme Frieden ein und alle Konflikte aus.

Atme himmlischen Frieden ein, und spüre die Anwesenheit des Friedensengels, der sich direkt hinter dich stellt, spüre seine Größe, seine Liebe, seine Präsenz des Friedens. Lasse dich

nun vom Friedensengel berühren. Lade ihn ein, dein Herz mit seinen Lichtschwingen in Frieden und Herzensgüte zu hüllen. Begib dich mit ihm in eine heilige Trance, die dich so viel Frieden wie noch nie zuvor empfinden lässt. Spüre, wie der Engel ganz sanft dein Drittes Auge berührt. Vor deinem geistigen Auge erscheint ein helles, strahlendes Licht. Es wird immer heller, blendet dich beinahe, so, als würdest du ins Sonnenlicht schauen.

Du gewöhnst dich langsam an die Helligkeit und beginnst, Umrisse wahrzunehmen. Einhörner, viele Einhörner, werden immer deutlicher sichtbar.

Es ist die Einhornherde des himmlischen Friedens. All diese Einhörner sind so wunderschön und strahlend hell. Ihre Mähnen glänzen golden, und du wirst liebevoll von ihrem vereinten Licht begrüßt. Du darfst beobachten, wie behutsam, friedlich und achtsam all die Einhörner miteinander umgehen, was ein tiefes Wohlgefühl in dir auslöst.

Ein Einhorn aus der Herde kommt nun direkt auf dich zu. Es steht vor dir und blickt dir tief in die Augen. So viel Liebe in einem einzigen Blick. Du spürst, wie sich dein Herz ganz weit öffnet. Es ist jetzt vollständig geöffnet, und du kannst alles empfangen, was das Friedenseinhorn dir schenken möchte.

Das Einhorn berührt dein Herz und sendet dir ein Symbol des Friedens. Empfange es jetzt. Nimm das Symbol bitte so an, wie es dir erscheint. Das Friedenseinhorn berührt dich jetzt mit einer besonderen Lichtschwingung, einer Licht-Friedens-Kombination, die nur für dich ist. Es berührt dazu mit seinem

Lichthorn dein Herz. Lasse dich von deinem persönlichen Friedenssegen berieseln. Spüre hin, und sei offen für alles, was jetzt geschieht.

Jeder Funke, der dich berührt, verflüssigt sich in deinem System, rinnt wie heilender Balsam dort hinein, wo dein Seelenschmerz verhaftet ist, und schließt die offenen Wunden. Du genießt diesen Moment, in dem alles in dir so friedlich ist.

Du bist nun eingeladen, in den Tempel des himmlischen Friedens einzutreten. Der Friedensengel öffnet mit einem kräftigen Stoß die Himmelstür dieser Ebene des Friedens, und ein warmer Wind strömt dir entgegen. Du erblickst eine wunderschöne, tibetisch anmutende Tempelanlage. Alles ist mit bunten, im warmen Wind flatternden Gebetsfahnen geschmückt, ein wahrhaft anmutiger und schöner Anblick.

Der Friedensengel erklärt dir, dass dies der Tempel des himmlischen Friedens ist und an diesem Ort jeden Tag für den Frieden auf Erden gebetet und gewirkt wird. Er sagt: »Wir beten hier für jeden einzelnen Menschen, für jedes Tier, für jedes Wesen und für Mutter Erde. Sei herzlich willkommen.«

Wundervolle Gesänge erwecken deine Aufmerksamkeit. Gemeinsam mit dem Friedensengel schreitest du durch den Tempel bis hin zu einem großen Altar. Unendlich viele Wesen haben sich dort versammelt, beten und singen gemeinsam. Du spürst, wie dich eine starke Energiewelle erfasst, die dich in die Gemeinschaft einbindet, und du beginnst, mit ihr zu beten und zu singen: »Lokah Samastah sukhino bhavantu. Mögen alle Wesen in allen Welten glücklich und in Frieden sein.«

Du lässt dich ganz auf diese Energie ein und betest für den Frieden auf Erden. Du spürst deine eigene Energiepräsenz und wie du eins mit der Kraft des Friedens geworden bist. Gemeinsam mit dem Engel erzeugst du nun eine Welle des Friedens. Ihr füllt sie mit all euren guten Wünschen, Gebeten und Segnungen an, bis die Energie ihren höchsten Punkt erreicht hat, du wirst das deutlich spüren. Ihr lasst die Welle nun gemeinsam los ...

Die Engel und Einhörner nehmen die Energie auf und tragen sie zur Erde, dorthin, wo sie gerade am dringendsten benötigt wird.

Der Engel des Friedens geht wortlos mit dir in den Innenhof der Tempelanlage. Dort wartet bereits eine liebe Person aus deinem Ahnenfeld und mit ihr ein Friedenseinhorn. Du wirst herzlich begrüßt und eingeladen, mit ihnen in den Kräutergarten des Tempels zu kommen. Ihr geht alle gemeinsam in den Innenhof und weiter durch einen Rosenbogen in einen wunderschönen Kräutergarten. Hier duftet es herrlich nach den blühenden Kräutern. Der Duft ist unglaublich wohltuend und heilsam zugleich. Am Ende des Gartens führen zwei Stufen zu einem herzförmig angelegten Hochbeet hinauf.

Ihr geht gemeinsam hinauf und steht nun vor dem noch unbepflanzten Herzbeet. Dies ist dein Erdherz, das Herz der Erde. Neben dem Beet stehen drei Kräutertöpfe mit heilsamen Energien, eine kleine Schaufel und eine Gießkanne, die deine Ahninnen und Ahnen wohlweislich für dich ausgesucht haben.

Du pflanzt nun die drei Kräuter mit deinen Wünschen des Friedens für die Familie in das Herz der Erde. Du kniest dich hin, hebst mit der kleinen Schaufel eine Kuhle aus und pflanzt den ersten Kräutertopf mit deinem ersten Friedenswunsch für die Familie ein. Du brauchst den Wunsch nur zu denken, das genügt.

Nun hebst du eine weitere Kuhle aus, nimmst den zweiten Kräutertopf und setzt ihn mit deinem zweiten Friedenswunsch für dich, deine Lieben und/oder auch die Erde in das Herzbeet ein.

Dann nimmst du die Schaufel ein letztes Mal zur Hand und hebst eine Kuhle für den dritten Kräutertopf aus. Setze ihn mit deinem dritten Wunsch für dich, deine Lieben und/oder die Erde in das Herz der Erde ein.

Drücke die Kräuter noch einmal gut an, stehe auf, und nimm die Gießkanne zur Hand. Das Friedenseinhorn berührt mit seinem Lichthorn nun das Wasser in der Kanne, um es zu segnen.

Gieße jetzt mit dem gesegneten Wasser deine Kräuter, auf dass sie wachsen und gedeihen mögen und auf dass Frieden komme und werde auf Erden.

Dein Ahn/deine Ahnin sagt: »Es ist vollbracht, ich werde mich gut um dein Herz des Friedens kümmern und jeden Tag die Kräuter in diesem Beet gießen. Ich lade dich ein, sooft du möchtest, hierherzukommen, um zu schauen, wie deine Kräuter wachsen und gedeihen.«

Gern kannst du beim nächsten Mal weitere Kräuter mit Friedenswünschen in das Herz der Erde pflanzen. Dein Ahn/deine Ahnin geht voran und geleitet alle Anwesenden über die Stufen durch den duftenden Kräutergarten zurück in den Innenhof des Tempels.

Dort wartet die gesamte Einhornherde des himmlischen Friedens auf dich. Dein Friedenseinhorn spricht zu dir: »Wir möchten dir noch ein Geschenk überreichen, nimm bitte hier auf der Bank für einen Moment Platz. Stelle deine Füße auf die Fersen. Wir werden nun deine Fußchakras mit der Energie des himmlischen Friedens berühren und dir sozusagen Schuhe des Friedens anziehen, mit denen du ab sofort auf Erden wandeln und überall, wo du gehst und stehst, den himmlischen Frieden hinterlassen wirst.«

Die Übertragung beginnt, und die Einhörner ziehen dir mit ihrem Licht die »Schuhe des Friedens« an. Spüre, wie deine Fußchakras zu kribbeln und zu pulsieren beginnen und wie sich das Licht um deine Füße herum ausbreitet. Nun bist du Träger des Friedenslichts und verbreitest den himmlischen Frieden mit jedem deiner Schritte. Bedanke dich bei den Einhörnern des himmlischen Friedens, der Engel des Friedens umarmt dich mit seinen großen Lichtschwingen und spricht: »Es werde Frieden auf Erden und in deinem Herzen.«

Der Friedensengel verabschiedet sich mit einem Symbol des Friedens von dir. Du kannst jederzeit mit den Engeln und Einhörnern des Friedens Kontakt aufnehmen, rufe sie, oder denke einfach an dein Symbol des Friedens, und sie werden bei dir sein.

Kehre nun mit einem bewussten Atemzug aus dieser Licht-ebene des Friedens zurück zu dir, in deine Körpermitte. Spüre den tiefen Frieden in deinem Herzen, und komme langsam in deinem Tempo wieder bei dir an.

12.

Rauhnacht

4./5. Januar

Engel des Lichts
Monat: Dezember

Heute, in der zwölften und letzten Rauhnacht, begrüßt du den Engel des Lichts an deiner Seite. Die letzten Tage waren intensiv, du hast reflektiert, dich hinterfragt, dich tief ergründet und vielleicht auch die Engel so deutlich wie nie an deiner Seite gespürt. Die vergangenen elf Rauhnächte haben dir eine neue Sicht auf dich und dein Leben geschenkt und sicherlich so einiges ins rechte Licht gerückt. Du hast erkannt, was du für dich selbst brauchst, um ein glückliches und erfülltes Leben zu führen und das kommende Jahr segensvoll zu gestalten.

Nun sind wir mit der zwölften Rauhnacht im Monat Dezember angekommen, in jenem Monat, in dem mit dem Julfest, der Wintersonnenwende, die Neugeburt des Lichts gefeiert wird. Die Zeit der dunklen Tage hat ihren Höhepunkt erreicht. Zu diesem Zeitpunkt ist nichts stärker als das neue Werden, das Licht kehrt unaufhaltsam in die Welt zurück. Ein neuer Zyklus beginnt, von dem du ein Teil bist. Spüre das Wunder der Wandlung, und erblühe im Licht der neuen Zeit.

Tagesimpulse

Lasse das Licht herein.

✳ Ziehe die zwölfte Orakelkarte.

✳ Reflektiere: Was ist deine Quelle des Lichts, was schenkt dir Mut, Kraft und Hoffnung?

✳ Jetzt kommt alles in (die) Ordnung, was der Ordnung bedarf. Folge deinem inneren Licht!

✳ Engelmagie: Der Engel des Lichts berührt dich, damit in seinem Licht alle Schatten weichen und du dich auf all deinen Wegen in der Strahlkraft und Wärme des Engels sicher und geborgen fühlst.

✳ Engelräucherung für diesen Tag: Schafgarbe hilft, ganz bei sich anzukommen.

RITUAL:
Der Kreis schließt sich –
Abschlussritual der Rauhnächte

Für dieses Ritual benötigst du:

- 1 Ring
- deine persönlichen Rauhnachtaffirmationen

TIPP: Der Ring steht für deine Verbindung mit den Engeln und soll ein Zeichen sein für alles, was du für dein neues Jahr vorbereitet hast. Es kann ein neuer Ring sein oder einer, den du sowieso oft trägst. Es ist gleich, ob du ihn am Finger, an einer Kette um den Hals oder an einem Lederband am Handgelenk trägst.

Heute schließt sich der Jahreskreis der zwölf Rauhnächte und Monate mit den zwölf Engeln – ein guter Zeitpunkt, um ein schönes persönliches Erinnerungs- und Verbindungsstück zwischen dir und der himmlischen Welt zu kreieren. Wenn wie heute ein Zyklus endet oder sich ein Kreis schließt, den der Ring symbolisieren soll, so schließt dieser auch schützend alle Energien des Zyklus in sich ein. Er bewahrt das Gute und Lichtvolle, das dir Kraft und Halt gibt und dich schützend auf deinem Weg begleitet.

Nimm nun den Ring in deine linke Hand, sie kommt von Herzen, und rufe die zwölf Engel der Rauhnächte mit diesen Worten: »Ich rufe euch, ihr Engel, ich rufe die Stille, die Reinigung und Klärung, das Sein, die Gelassenheit, die Fülle, die Regeneration, den Wandel, das Glück, den Neubeginn, die Liebe, den Frieden und das Licht. Ich bitte euch, stellt euch kreisförmig im Uhrzeigersinn um mich herum auf, und berührt den Ring der Rauhnächte, der mich mit euch verbindet, mit eurem Licht und mit eurer Liebe. Berührt ihn bitte, und schwingt ihn ein, gebt die Essenz meiner Rauhnachterfahrungen, meine Wünsche, Hoffnungen, Ziele und alles, was ihr für mich als besonders kraftvoll erachtet, in den Ring hinein. Ebenso schwinge ich meine Rauhnachtaffirmation/-en in diesen Ring mit ein.«

Sprich jetzt deine Affirmation/-en dreimal, und verbinde sie auf diese Weise mit dem Ring. Wenn du den Ring dann trägst, ihn berührst, wird er augenblicklich deine kraftvollen Affirmationen in deine Gedanken bringen.

Nun hat jeder Engel noch eine Botschaft an dich, die er in den Ring fließen lässt:

Der Engel der Stille spricht: »In der Stille findest du alle Antworten, die du suchst.«

Der Engel der Reinigung und Klärung spricht: »Kläre dich regelmäßig von Fremdenergien.«

Der Engel des Seins spricht: »Sei immer du selbst.«

Der Engel der Gelassenheit spricht: »Gelassenheit steht dir gut.«

Der Engel der Fülle spricht: »Fülle ist immer im Überfluss vorhanden.«

Der Engel der Regeneration spricht: »Das Leben ist ständig in Bewegung, damit du immer vorwärtskommst.«

Der Engel des Wandels spricht: »Wandle jede Situation zum Guten.«

Der Engel des Glücks spricht: »Glück ist dein ständiger Begleiter.«

Der Engel des Neubeginns spricht: »Ein Neubeginn ist immer möglich.«

Der Engel der Liebe spricht: »Liebe umgibt dich zu jeder Zeit.«

Der Engel des Friedens spricht: »Frieden findest du nur in dir.«

Der Engel des Lichts spricht: »Du bist Licht von Licht.«

Der Segen der Engel ist mit dir, so segne auch du deinen Rauhnachtring mit deinem Licht und deiner Liebe, und erbitte aus dem höchsten Licht ein Lichtsiegel, durch das dein Ring nur mit dir in Resonanz geht.

Dein Ring wird dich, sobald du ihn trägst oder nur an ihn denkst, augenblicklich mit den Engeln der Rauhnächte verbinden, die dich ja auch weiterhin jeden Monat begleiten und unterstützen. Spüre eure immerwährende Verbundenheit und Freundschaft. Die Engel sind immer bei dir.

Der Engel der zwölften Rauhnacht sagt dir:
»Ich liebe dein Licht, wie du strahlst und scheinst,
du bist ein Lichtbringer in deiner Welt.
Erwache nun ganz im Licht der Ewigkeit,
das die Quelle ist, aus der du stammst und die du bist,
du bist Licht von Licht.«

Meditation:
Lasse das Licht herein!

Nimm dir einen Moment Zeit, komme zur Ruhe. Der Engel des Lichts verbindet sich mit dir, mit deinem Herzen, und lässt dir nun deinen Körper als wunderschönes Haus, als Villa oder Palast erscheinen, ganz so, wie es für dich stimmig ist. Dein Herz ist die Tür zu deinem Haus, und der Engel öffnet sie jetzt ganz sanft für dich. Gehe durch die Tür hindurch, hinein in den ersten Raum deines Hauses, und sieh dich erst einmal um. Ist alles weit und offen, oder hast du den Eindruck, hier war lange niemand mehr?

Gehe nun durch dein Haus, und sieh dich um. Sind die Fenster hell und offen oder sind sie verdunkelt, sind vielleicht Rollläden davor, oder sind sie mit Brettern zugenagelt? Erkunde das Haus in dir in Begleitung des Engels des Lichts bitte ganz genau, und lasse alle Räume und auch den Keller und den Dachboden auf dich wirken, sofern es diese in deinem Haus gibt. Hast du das Gefühl, es erschöpft dich, dein Haus von innen zu sehen, oder bist du voller Freude und tanzt singend von Raum zu Raum? Nimm dir ausreichend Zeit. Vielleicht möchtest du auch erst einmal einen Moment verweilen und dich ausruhen, das ist völlig in Ordnung.

Wenn du dich stark genug fühlst, beginne, dein Haus zum Strahlen zu bringen, lasse überall das Licht herein. Öffne alle

Türen und Fenster deines Hauses, und lasse das Licht hereinströmen. Was zugehämmert war, öffne nun, und wage dich, auch durch diese Fenster auf dein Leben zu schauen. Reinige alle Zimmer, und räume auf, wenn dir dies nötig erscheint, oder renoviere, und gestalte dein Haus und die Räume in dir so, wie es dir gefällt. Hier ist dir alles möglich.

Spüre, wie immer mehr wärmendes, goldenes und strahlendes Licht dein Haus und somit dich von innen erfüllt. Du spürst regelrecht, wie das Licht aus jeder Pore deines Körpers hinausstrahlt und du ganz und gar davon erfüllt bist. Lasse dich ganz von der heilenden Liebe des Lichts durchströmen. Spüre seine unbändige Kraft und Wärme, die jetzt alle Traurigkeit in dir weichen lassen, bis du nur noch Freude in dir spürst. Krankheit weicht der Gesundheit, Blockaden lösen sich auf und vieles mehr. Alles, was du jetzt brauchst und deinem System guttut, geschieht.

Spüre das Licht, mit dem du jetzt eins geworden bist, du bist Licht von Licht! Wenn dein inneres Haus vom Licht durchströmt und alles von Liebe beseelt ist, setze dich an deinen Lieblingsplatz im Haus, z. B. an eine lange Tafel oder auf die Veranda, was immer dir entspricht, und lade die Engel der Rauhnächte ein, dort mit dir zu verweilen. Tausche dich mit den Engeln auf deine persönliche himmlische Art und Weise aus, und lasse dich durch ihren Besuch von Freundschaft, Herzlichkeit und Verbundenheit erfüllen. Mache diesen Moment zu deinem Moment, und lasse immer wieder das Licht in dein Herz, in deinen Körper hinein. Mögen die Wunder der Liebe und der Heilung nun für dich geschehen. Glaube daran, du stehst im Licht und wirst gesehen!

Kehre, wann immer du diese Zusammenkunft in dir beenden möchtest, in deinen Tag zurück, und lasse diese heilsame Zeit mit den Engeln der Rauhnächte in dir nachklingen.

Nachklang

5./6. Januar: die »13. Rauhnacht« – Zeit zur Reflexion

Die 13. Rauhnacht stellt üblicherweise den Abschluss der Rauhnächte dar. Sie ist die Nacht der Wunder, kann meiner Meinung nach aber stattfinden, wann immer du magst. Nimm noch einmal all deine Notizen zur Hand, und lasse dir Zeit für den Nachklang. Lasse die vergangenen zwölf Tage und Nächte Revue passieren.

- *Welche Rituale und Meditationen, Räucherstoffe und Essenzen haben dir besonders gutgetan?*
- *Welchen Engel hast du besonders deutlich gespürt?*
- *Welches Thema hat dich besonders beschäftigt?*
- *Was hast du über dich selbst gelernt?*
- *Was braucht noch Zeit in dir?*
- *Wie würdest du deine vergangenen Rauhnächte zusammenfassend beschreiben?*
- *Lies dir deine Notizen der vergangenen Tage noch einmal durch, was ist deine Essenz?*
- *Was möchtest du nächstes Jahr in den Rauhnächten anders machen?*

Bleibe wohlbehütet und vor allem gesund, und habe einen wundervollen Start in dein neues goldenes Jahr. *Alles Liebe, deine Melanie*

6. Januar: Dreikönigstag –
Der Segen der Engel

Heute, am 6. Januar, dem Tag der Heiligen Drei Könige, enden die magischen zwölf Rauhnächte, und die feinstofflichen Tore der Geistigen Welt schließen sich allmählich wieder. Nach dieser intensiven Zeit der Innwendung kannst du dich nun ganz der Erfüllung deiner Wünsche, Ziele, Hoffnungen und Visionen widmen. Das neue Jahr steht unter einem guten Stern, der über dir leuchtet, strahlt und scheint und dich begleitet, um dir den Weg zu weisen. Folge diesem Licht der Liebe, höre auf die Impulse in deinem Herzen. Möge dein Weg für dich die Erfüllung deiner Träume bereithalten.

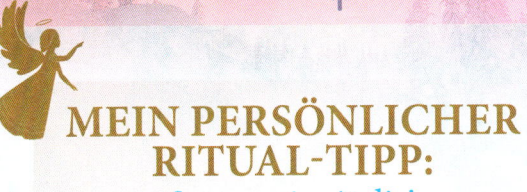

MEIN PERSÖNLICHER RITUAL-TIPP:
Segen sei mit dir!

Ein altes Ritual ist es, am Tag der Heiligen Drei Könige das Haus oder die Wohnung zu segnen. Vielleicht ist das auch für dich eine schöne Möglichkeit, die Rauhnächte abzuschließen, indem du dein Haus auf ganz individuelle Art und Weise segnest – ob mit einer Inschrift über der Haustür, durch das Anzünden einer Kerze, durch Räuchern, das Versprühen von Essenzen oder einfach mit dankenden Worten an dein Haus.

Ich entzünde eine Kerze und wähle folgende drei Essenzen aus meiner Serie: »Kristalle«, »Fatimas Hand« und die »Segensessenz«.* Dann gehe ich mit ihnen durch das Haus und versprühe die Essenz »Kristalle« zum Klären der Energien, mit »Fatimas Hand« erbitte ich Schutz und mit der »Segensessenz« den Segen. Zum Abschluss entsende ich mit der Hand auf der Haustür gute Gedanken, Worte zum Dank und zum Schutz für alle, die in diesem Haus leben. Ebenso bitte ich Erzengel Michael und die Engel des Schutzes darum, in unserem Haus an jeder Tür, an jedem Fenster zu stehen und uns und alles, was uns lieb und wichtig ist, mit ihrem Licht zu schützen.

Auch bitte ich die Engel, dich und all die Menschen, die das hier gerade lesen, mit ihrem Licht und mit ihrer Liebe zu schützen, denn ihr seid mir lieb und wichtig!

---

* All diese und weitere wundervolle Essenzen findest du in meinem Online-Shop auf www.einhornessenz.de oder beim Schirner Verlag auf www.schirner.com.

Danksagung

Mein Herz ist mit Dankbarkeit erfüllt, dieses wundervolle Buch in Zusammenarbeit mit dem Schirner Verlag kreiert zu haben. Es ist ein Segen, dass ihr, liebe Heidi, lieber Markus Schirner, euer Herz immer weit für neue Wege und Möglichkeiten offen haltet und durch euer gemeinsames Herzensportal Wege in die neue Zeit führen und somit Bücher und vieles mehr in die Welt kommen. Danke für euer Sein und eure Liebe zu den Engeln.

Meine Wertschätzung und Dankbarkeit geht ebenso von Herzen an meine wundervolle Lektorin Kerstin Noack-Zakel, die wieder wie ein Engel der Worte mitgewirkt und gezaubert hat, welch ein Segen, dass es dich gibt, liebe Kerstin. Danke Elena Lebsack für die wunderschöne und ansprechende Gestaltung dieses Buchs mit den Farben der Engel und des Himmels. Deine kreative Umsetzung wird bestimmt vielen Leserinnen und Lesern ebenso gut gefallen wie mir. Danke allen Beteiligten für ihre Unterstützung.

Besonders möchte ich den Engeln der Rauhnächte danken, die immer an meiner Seite standen und den Raum augenblicklich mit ihrer Anwesenheit und Energie erfüllt haben, sobald ich zu schreiben begann. Danke für euer Wirken und Sein, für eure Impulse und dafür, dass ihr uns alle auf unserer Lebensreise auf so wundervolle Weise begleitet.

Während des Schreibprozesses las ich meinem Mann einen besonders schönen Satz vor, und er sagte: »Das passt genau auf mich, wid-

mest du mir diesen Satz?!« Ja, das tue ich, ich widme dir nicht nur diesen Satz, sondern auch dieses Buch, weil du in deiner Entwicklung, die du nun schon seit vielen Jahren vollziehst, mit mir in Ebenen vorgedrungen bist, die du selbst nie betreten hättest, und heute mit anderen Augen auf dein Leben blickst. Ich danke dir sehr dafür, dass du jeden einzelnen Schritt mit mir gegangen bist und dein Herz für die Engel und die höheren Ebenen geöffnet hast.

Ebenso danke ich dir, liebe Leserin/lieber Leser, die/der du mit mir durch die Rauhnächte gegangen bist. Danke dafür, dass wir uns gegenseitig in dieser Zeit begleitet haben. Ich hoffe, ich konnte durch meine Verbundenheit zu den Engeln dir deine eigene Verbindung zu ihnen noch näherbringen.

Danke von Herzen!
In tiefer Verbundenheit, deine Melanie

Die Autorin

Melanie Missing ist eine der bekanntesten Autorinnen zum Thema »Einhörner« und »Engel« im deutschsprachigen Raum und hat neben Büchern, Kartensets und CDs ihre preisgekrönten Einhornessenzen in ihrem Unternehmen »Garten Eden« in Kassel veröffentlicht. Weitere Arbeitsfelder von Melanie Missing sind »das Vermächtnis Avalons« und »die Energie der Marien«. | www.einhornessenz.de

Bildnachweis

Bilder von der Bilddatenbank www.shutterstock.com:

Hintergründe: #235333627 (© Maly Designer), #191118824 (© kiko_kiko), #1019854267 (© Yevhenii Chulovskyi), #625745255 (© Ben Neung), #526435963 (© Zodar); Schmuckelemente: #1642256068 (© Purebo), #1548734099 (© PON-PON), #62985658 (© lalan), #492214828 (© pikolorante), #537338902 (© Mara008), #110110628 (© Alvaro Cabrera Jimenez), #1674561277 (© maryannacher), #116604613 (© katarina_1), #142114822 (© xenia_ok), #267704390 (© xenia_ok), #610884905 (© Noppakorn Chaiyarak), #489955168 (© vickram), #232697392 (© AKaiser), #588924086 (© primopiano)

Weitere Bilder: S. 3 #517053268 (© janniwet), #191118824 (© kiko_kiko), #700685479 (© r.kathesi), S. 6/136 #1501502882 (© ju_see), S. 15/41/65 #777947524 (© Nongnuch_L), S. 10 #517591225 (© Zwiebackesser), S. 13/152 #711512212 (© Standret), S. 14/40 #1690905493 (© Nikki Zalewski), S. 14 #1116355001 (© Nikki Zalewski), S. 15 #517053268 (© janniwet), S. 16 #632991491 (© izzzy71), S. 17 #1379139965 (© Nikki Zalewski), S. 18 #1936900510 (© Marisha), S. 19 #115762513 (© Volodymyr Burdiak), #747709459 (© Neighbours Cat), S. 20 #752535067 (© nata_nytiaga), S. 20/32/38 #625745255 (© Ben Neung), S. 22 #1244579575 (© FotoDuets), S. 23 #516137140 (© Standret), S. 24 #1723208026 (© morrowlight), S. 27 #221230561 (© Nikki Zalewski), S. 28 #1134282071 (© PV productions), S. 29 #1282601284 (© Krakenimages.com), S. 31 #536325538 (© Yuganov Konstantin), S. 32 #1065764261 (© Prostock-studio), S. 33 #1909676494 (© Iryna Kalamurza), S. 34 #122312914 (© Anna Om), S. 36 #1598047783 (© ju_see), S. 37 #1596031900 (© Microgen), S. 38 #1562984635 (© NinaMalyna), S. 39 #762725026 (© ANTON URICH), S. 40 #87823378 (© mironov), S. 42 #1743525197 (© Irina Bort), S. 43 #1129300988 (© Maria Shipakina), S. 44 #780743200 (© Jelena Yukka), S. 45 #717024292 (© MolnarPhoto), S. 46 #1708440481 (© Pam Walker), S. 47 #1923216785 (© Chamille White), S. 48 #741040477 (© yanikap), S. 49 #524011267 (© Marina Zezelina), S. 50 #165556148 (© Alena Kazlouskaya), S. 51 #482823325 (© JasminkaM), S. 52 #319127498 (© Galyna Andrushko), S. 53 #727768222 (© LeManna), S. 55 #501479752 (© Alex Yuzhakov), S. 57 #159967142 (© VOJTa Herout), S. 58 #1194542863 (© Dzmitrock), S. 59 #1659622429 (© FotoHelin), S. 60 #503387152 (© ff-photo), S. 64 #711512212 (© Standret), S. 66 #352223900 (© Creative Travel Projects), S. 68 #1586672488 (© Juice Flair), S. 72 #1081268750 (© ju_see), S. 76 #751572058 (© Cristian Mircea Balate), S. 78 #239155276 (© Subbotina Anna), S. 84 #751451728 (© S_Photo), S. 86 #519313138 (© Subbotina Anna), S. 88 #1841726449 (© Belight), S. 91 #232697392 (© AKaiser), S. 95 #1563352828 (© Dmytro Buianskyi), S. 97 #328355552 (Standret), S. 106 #1261531036 (© Victoria Chudinova), S. 110 #1236699217 (© Simon Kadula), S. 114 #1015197109 (© VictoriaArt), S. 119 #763561066 (© stockcreations), S. 123 #1187998456 (© Eva Foreman), S. 125 #1063994864 (© PopTika), S. 126/144 #232697392 (© AKaiser), S. 127 #230227600 (© everst), S. 128 #1010002600 (© Igisheva Maria), S. 130 #790646674 (© FotoDuets), S. 143 #332037452 (© Leonid Ikan), S. 145 #1834873246 (© Preto Perola), S. 151 #1562986300 (© NinaMalyna), S. 152 #199437335 (© KostanPROFF), S. 156 #566876005 (© Milosz_G), #238219066 (© Jacob_09)